财务会计"云"系列智慧型教材

基础会计实训
（第3版）

主　编　张　岐　赵建群
副主编　辛　捷　曾映方　赵凌云

电子工业出版社
Publishing House of Electronics Industry
北京·BEIJING

内 容 简 介

本书是针对会计工作岗位对从业人员的职业能力和素质要求，紧扣高等职业院校会计专业的人才培养目标，根据基础会计课程的教学目标和高职高专学生特点，充分吸收了近年来高等职业教育的最新教改成果和最新会计准则，在总结长期教学改革经验基础上开发的与《基础会计》（第3版）教材配套使用的实训教材。

本书按照基于工作过程的理念，按照《会计基础工作规范》的要求，以"工学结合"为目标，以会计工作的实际过程为载体，在详细分析会计业务各环节工作任务的基础上，科学地分解出会计岗位要求的单项技能和综合技能，全书包括"基础会计实训指导"、"会计基础工作规范与训练"和"基础会计综合训练"3个部分，各部分的任务清晰，目标明确，构成一个完整的实训体系。

本教材既可作为会计及相关专业基础会计课程的配套实训教材，也可作为各类会计人员的岗前培训用书。

未经许可，不得以任何方式复制或抄袭本书之部分或全部内容。

版权所有，侵权必究。

图书在版编目（CIP）数据

基础会计实训／张岐，赵建群主编. —3版. —北京：电子工业出版社，2021.8
ISBN 978-7-121-41904-1

Ⅰ. ①基… Ⅱ. ①张… ②赵… Ⅲ. ①会计学-高等职业教育-教材 Ⅳ. ①F230

中国版本图书馆 CIP 数据核字（2021）第 178243 号

责任编辑：张云怡
印　　刷：天津画中画印刷有限公司
装　　订：天津画中画印刷有限公司
出版发行：电子工业出版社
　　　　　北京市海淀区万寿路173信箱　邮编 100036
开　　本：787×1 092　1/16　印张：9.75　字数：250千字
版　　次：2009年6月第1版
　　　　　2021年8月第3版
印　　次：2021年8月第1次印刷
定　　价：39.80元

凡所购买电子工业出版社图书有缺损问题，请向购买书店调换。若书店售缺，请与本社发行部联系，联系及邮购电话：(010) 88254888，88258888。

质量投诉请发邮件至 zlts@phei.com.cn，盗版侵权举报请发邮件至 dbqq@phei.com.cn。

本书咨询联系方式：(010) 88254573，zyy@phei.com.cn。

前言 第3版

本教材自 2014 年 7 月再版以来，得到了高职院校同行的认可，并给予了较高的评价，同时也对本教材提出了许多中肯的建议和期待，有鉴于此，我们对全书进行了修订。

本次修订除了继续保持原有的体例及特色外，充分吸收了当前高职教学改革的新成果和近年来国家最新财税法规变化及相关单证变化，使教材的内容与会计工作过程的衔接更趋紧密。

本次修订重点在以下几方面进行了完善：

第一，对于税制变化所导致的税率变化对业务的影响进行了调整，并同步优化了相关单证。

第二，对于与主教材重复的内容进行了删减处理，并对典型业务进行了优化，使实训内容与会计环节应掌握的能力衔接更趋紧密。

第三，通过扫描二维码，学生可直接观看各单项实训任务引领及操作技能引领等视频资源，极大地提高了学生开展实训的效率及效果。

本教材的修订工作由张岐、赵建群、辛捷、曾映方共同完成。由张岐负责修订工作的整体策划和组织。具体修订工作分工如下：张岐负责第 1 篇及第 2 篇的任务 4、任务 5 的修订；第 3 篇由赵建群负责修订；第 2 篇的任务 1、任务 2 由辛捷负责修订；第 2 篇的任务 6、任务 7 由曾映方负责修订；第 2 篇的任务 3 由赵凌云负责修订。

该教材的修订是校企合作共同开发的成果，在修订过程中得到了相关企业、会计师事务所同行的大力支持。

编　者

2021 年 5 月

目　　录

第一篇　基础会计实训指导 ………………………………………………………（1）
　　一、加强基础会计实践教学的原因及意义 ……………………………………（1）
　　二、基础会计的实训目的及要求 ………………………………………………（3）
　　三、基础会计的实训内容 ………………………………………………………（4）
　　四、基础会计实训组织建议 ……………………………………………………（7）
　　五、基础会计实训的评价 ………………………………………………………（9）

第二篇　会计基础工作规范与训练 ……………………………………………（10）
　　任务一　基础书写规范训练 …………………………………………………（10）
　　　　一、文字规范 ………………………………………………………………（10）
　　　　二、数字规范 ………………………………………………………………（11）
　　　　三、书写错误更正规范 ……………………………………………………（12）
　　　　四、实训——会计核算书写 ………………………………………………（12）
　　任务二　收银基本技能规范训练 ……………………………………………（14）
　　　　一、点钞技能规范 …………………………………………………………（14）
　　　　二、验钞技能规范 …………………………………………………………（20）
　　　　三、银行卡受理规范 ………………………………………………………（26）
　　　　四、实训——人民币、银行卡的识别与点验 ……………………………（28）
　　任务三　会计凭证规范训练 …………………………………………………（30）
　　　　一、会计凭证的基本内容和填制要求 ……………………………………（30）
　　　　二、会计凭证的审核及处理规范 …………………………………………（30）
　　　　三、原始凭证的填制规范 …………………………………………………（30）
　　　　四、记账凭证的填制规范 …………………………………………………（31）
　　　　五、会计凭证的传递流程 …………………………………………………（32）
　　　　六、原始凭证的填制范例 …………………………………………………（33）
　　　　七、记账凭证的填制范例 …………………………………………………（39）
　　　　八、实训——会计凭证的填制与审核 ……………………………………（41）
　　任务四　会计账簿规范训练 …………………………………………………（46）
　　　　一、会计账簿的处理流程 …………………………………………………（46）
　　　　二、会计账簿的设置规范 …………………………………………………（46）
　　　　三、会计账簿的登记规范 …………………………………………………（48）
　　　　四、会计账簿的登记范例 …………………………………………………（52）
　　　　五、实训——会计账簿的设置与登记 ……………………………………（56）
　　任务五　会计核算形式的应用训练 …………………………………………（60）
　　　　一、会计核算形式的选择 …………………………………………………（60）
　　　　二、科目汇总表的编制规范 ………………………………………………（60）
　　　　三、科目汇总表范例 ………………………………………………………（61）

· V ·

四、实训——科目汇总表核算形式的应用 ································ (61)

任务六　财务报表规范训练 ······································ (64)

　　一、财务报表的内容 ·· (64)

　　二、财务报表的编制步骤 ··· (64)

　　三、财务报表的编制规范 ··· (65)

　　四、财务报表的审核与报送规范 ···································· (65)

　　五、实训——会计报表的编制 ······································· (66)

任务七　账、证、表的整理、装订与保管规范训练 ··········· (69)

　　一、会计凭证的整理、装订与保管规范 ··························· (69)

　　二、会计账簿的装订规范 ··· (70)

　　三、会计报表的装订与保管规范 ···································· (71)

　　四、实训——会计凭证、会计账簿的装订与保管 ·············· (71)

第三篇　基础会计综合训练 ··································· (72)

　一、实训目标 ··· (72)

　二、实训要求 ··· (72)

　三、实训组织 ··· (72)

　四、实训评价 ··· (72)

　五、实训准备 ··· (73)

　六、实训资料 ··· (74)

第一篇

基础会计实训指导

一、加强基础会计实践教学的原因及意义

国家提出：人才培养模式改革的重点是教学过程的实践性、开放性和职业性，要重视学生校内学习与实际工作的一致性，校内成绩考核与企业实践考核相结合，探索课堂与实习地点的一体化；改革教学方法和手段，融'教、学、做'于一体，强化学生能力的培养。基础会计作为会计专业的入门课程，具有较强的理论性、政策性、实践性和技术性，主要介绍会计的基本理论、基本知识和基本方法，让学生掌握实际会计工作的具体内容、步骤和操作方法，从而具备会计工作主要岗位的共性能力需求；培养学生的会计核算能力、基本的职业判断能力及全盘账务处理能力；同时培养其细致、准确、有条不紊的专业素质和心理素质。因此，积极探索会计专业实践教学内容、方式和方法的改革，加大基础会计课程实训教学的力度，对于实现会计专业的培养目标，提高学生的职业能力具有重要的意义。

（一）加强基础会计实践教学的原因

高职院校会计实训教学是专业教学中的重要组成部分，具有与理论教学同等重要的地位，是培养富有实践能力和创新精神的高技能人才的关键环节。近十多年来，我国在高等职业教育的发展中，引入了能力本位的观念，学习并借鉴了国外一些经验，改革了课程内容，增加了实践环节，取得了一些成绩。但纵观目前各高职院校的研究与实践，由于受一系列观念及条件的制约，效果并不明显。其主要原因表现在以下几个方面。

1. 观念方面

由于受学科体系教学观的影响，实践教学一直附属于理论教学，处于对相关知识的验证地位。在该课程的教学过程中，表现为在整个教学体系的安排及操作上，实践教学都是在完成相关理论教学之后，以脱离于企业会计业务实际的相关习题的方式来完成的，从而使该课程的实践教学始终没有得到应有的重视，更使学生在校内的学习与实际的职业能力需求脱节，严重地弱化了学生的职业适应能力。

2. 操作方面

由于缺乏对企业会计业务的深入调研，在会计专业的实训教学中，只是对某些知识点的介绍和验证，所采取的方式仍是平时会计习题的翻版，并没有根据会计工作所需的岗位能力对实训内容、方式及手段进行系统设计，缺乏与会计实践岗位能力要求的系统衔接，使学生对会计核算的业务流程，以及凭证、账簿、报表之间的关系缺乏系统的了解，对会计核算的关键能力缺乏系统的把握，严重地影响了会计教学的效果。

3. 教学模式方面

由于在传统会计专业的教学过程中过分强调理论教学的重要性和教师的主导作用,忽略了学生在教学过程中的主体作用,即只是过分强调教师要教给学生什么,而忽略了学生能够做什么,所以,在会计专业的教学中,大量的时间用于教师对学生进行会计业务知识点的灌输,而没有发挥学生在学习过程中的主动性,使学生没有从根本上建立起会计的思维和主动判断能力;同时由于在教学中过分依赖教材按照章节划分规律组织教学,没有从会计工作的业务流程和规律来对教学内容进行基于工作过程的整合,使学生只是学会了一系列点、线式的知识点和能力点,无法建立起系统的会计工作业务流程观;另外,由于没有综合的业务实训作为支撑,学生无法具备系统掌握会计业务整个流程的岗位能力。

4. 会计法律法规方面

由于《中华人民共和国会计法》《会计基础工作规范》及会计工作特殊性的限制,会计专业的学生不可能像其他专业的学生那样直接到工作岗位上进行系统的顶岗实习。

(二) 加强基础会计实践教学的意义

1. 有利于理顺会计教学中理论教学与实践教学的关系

根据基础会计课程的性质,在教学中应科学处理理论教学与实践教学之间的关系。在理论教学部分,应注重理论联系实际,在培养学生了解和掌握会计的基本理论和基本知识,并建立起学习会计的基本思维和方法的同时,要使学生了解企业的运作规律及与会计核算之间的关系;突出会计的基本理论、基本知识和基本技能要求,同时,应打破传统教学过程中"以理论教学为主、以实践教学为辅、实践教学仅为验证理论"的错误思想,正确处理理论教学与实践教学的关系,树立理论教学为实践教学服务,理论教学围绕实践教学展开的教学观,通过适当的载体,科学地整合理论教学与实践教学的内容,构建一个理论教学与实践教学有机结合的"双轨同步"协调发展的教学体系,做到理论教学可保证培养目标知识结构的需要,实践教学可满足专业技能的实际需求,形成理论教学和实践教学两条并重共进的主线。在整个教学过程中,两者互相联系、紧密配合、相互交叉、彼此渗透,把学生培养成适应基层岗位实际需要的高技能型人才。

2. 有利于会计专业学生职业能力的构建

基础会计作为会计专业的入门课程,对于培养该专业学生的职业能力具有重要的先导作用。基于会计工作过程的实践教学体系,对于培养学生的会计核算能力、基本的职业判断能力及专业素质和心理素质具有不可替代的作用。

3. 有利于实现"工学结合"人才培养模式,形成融"教、学、做"于一体的教学模式

由于会计专业的学生不可能像其他专业的学生那样直接到工作岗位上进行系统的顶岗实习,因此,开发一个融"教、学、做"于一体的实训教学平台,来弥补该专业在实践教学方面的缺陷显得尤为必要;同时,会计核算上的确认、计量、记录和报告四个环节的能力素养完全可以通过以一个企业的实际会计工作任务完成过程为主线,以用于证明企业经济业务的原始凭证为基础,以具体岗位工作任务为驱动,真实再现建账、算账与报账等会计工作的实际过程。这样,通过融"教、学、做"于一体的教学模式的应用,打破了该专业学生顶岗实习这一瓶颈的制约。

4. 是培养学生就业能力的重要保证

纵观当前的就业市场,所有的单位无不非常看重就业者的实践经历和岗位适应能力。由于会计工作对会计思维要求的特殊性,其在会计核算上的确认、计量、记录和报告四个环节的能力均可以通过推行以会计工作步骤为主线,以模拟企业为依托,以实际会计工作任务为驱动的实践教学得以培养和提高,从而为本专业学生毕业前的顶岗实习和就业奠定扎实的能力基础。

5. 是培养学生职业发展能力的基础

会计职业对于从业者的职业发展能力和继续学习能力有着特殊的要求,因此,学生在校期间能否培养良好的自我职业判断能力和自我学习能力,成为学生就业后职业发展的重要条件,直接影响着他们的职业发展空间,而科学的实践教学体系和方法是培养学生的职业判断能力和自我学习能力的重要环节和手段。

二、基础会计的实训目的及要求

(一) 基础会计的实训目的

(1) 整合课堂上所学的会计理论知识,提高职业判断能力,通过边实践、边学习、边思考和边总结的过程,加深对会计基本理论和知识的理解,为后续的专业课程学习奠定基础。

(2) 在全面巩固会计核算单项技能的基础上,进一步掌握会计核算完整循环下的核算程序、核算步骤和核算方法。

(3) 通过实训,培养学生作为一名合格的会计从业人员应具备的认真、细致、一丝不苟的职业素养和独立面对各种业务的职业判断能力及审慎的思维能力。

(二) 基础会计的实训要求

(1) 正确处理实训与理论教学的关系。理论教学要保证培养目标知识结构的需要,实践教学要满足专业技能的实际需求,形成理论教学和实践教学两条并重共进的主线。在整个教学过程中,两者应互相联系、紧密配合、相互交叉、彼此渗透。

(2) 正确处理单项实训与综合实训的关系。单项实训应以使学生掌握单项核算技能与规范为目标,综合实训应以培养学生独立处理全盘业务的能力为目标。单项实训是基础,综合实训是在单项实训基础上的深化。

(3) 科学组织、合理规划各阶段的目标与任务。无论是单项实训,还是综合实训,在具体的实施中,教师都应合理规划每项实训具体实施的要求、目标和要点。在单项实训阶段,应做好实训后的讲评工作,目的是要使学生掌握和理解《会计基础工作规范》的基本精神;在综合实训阶段,应以培养学生在单项实训基础上对企业全盘业务的综合处理能力为目标。

(4) 以《会计基础工作规范》为标准。无论是单项实训还是综合实训,其基本操作均应以《会计基础工作规范》为标准,以培养学生良好的职业素养为目标。

(5) 按照基于工作过程的要求组织实训。无论是单项实训还是综合实训,均应按照企业实际会计核算的程序、方法和所使用的凭证、账簿、报表来组织实训的开展,以实现"工学结合"为目标。

（6）构建科学的评价体系。对于各项实训的评价，应鼓励学生互评与教师评价相结合。同时，应以企业的实际工作要求和《会计基础工作规范》为标准构建评价体系。

三、基础会计的实训内容

（一）基于会计工作过程的能力点训练分析

在具体的会计教学过程中，为了方便学生分项掌握会计工作所需的各项技能，一般是按照完成会计核算所需掌握的技能点逐步介绍和训练的，并没有与会计的业务流程及相关任务相对应。因此，了解企业会计的业务流程及各环节的任务，并与按照教材顺序所提炼出的技能点相对接，是把握会计工作各环节技能及岗位能力需求的关键。基于企业会计工作的业务流程，会计的核算业务可划分为期初建账业务、日常处理业务和期末处理业务三个环节，每个环节均有其特定的任务及相关要求，以此为主线，就可以找出融于教材中的能力点，基于企业会计工作过程分析，以会计工作的业务流程为载体，对基础会计课程的知识与能力进行系统的分解与整合，如表1.1所示。

表1.1 基于企业会计工作过程的业务流程及技能点

业务流程	工作过程中的技能点		
	期初建账业务	日常处理业务	期末处理业务
业务一	启用账簿 1. 填写账簿封面 2. 填写账簿扉页（账簿启用表） 3. 填写账户目录	填制与审核原始凭证 1. 填制与审核自制原始凭证 2. 审核外来原始凭证	账项调整——正确运用权责发生制 1. 调整各项费用，包括待摊、预提、计提折旧、计算并分配工资及附加费、计提结转各项税金等 2. 调整各项收入
业务二	设置账簿 1. 开设账页 2. 录入期初余额 3. 试算平衡	填制记账凭证 1. 确认经济业务，明确反映经济业务的会计科目、方向及计量 2. 按照规范正确填制记账凭证	成本计算 1. 汇总并结转各项材料出入库成本 2. 分配并结转制造费用 3. 计算并结转完工产品 4. 计算并结转本期销售产品成本
业务三		登记账簿 1. 登记日记账 2. 登记明细账 3. 编制科目汇总表 4. 登记总账	结转损益与计算利润 1. 结转损益，计提并结转所得税 2. 进行利润分配

续表

业务流程	工作过程中的技能点		
	期初建账业务	日常处理业务	期末处理业务
业务四			对账与结账 1. 编制试算平衡表 2. 对账与错账更正 3. 月结与年结
业务五			编制报表 1. 编制工作底稿 2. 编制主要报表

（二）基础会计单项实训与综合实训的关系

为了使学生能够独立完成会计工作全过程的业务，应采取阶段实训与综合实训相结合的原则，即在理论教学过程中，通过知识点与能力点的分析，根据学生在学习中应掌握的能力要点，按照任务驱动教学法，将各能力点整合成单项实训指导，明确各单项任务的规范及范例，并通过具体的实训加以强化，使学生具备处理会计工作各环节业务的能力。在通过单项实训的基础上，通过虚拟一个小型制造企业的一个会计期间的实际会计工作任务，采用真实的账证资料，以企业会计工作的业务循环为载体，指导学生完成从期初建账到日常处理、期末处理、编制会计报表等一个完整会计循环的全部会计工作，让学生掌握实际会计工作的具体内容、步骤和操作方法，从而具备会计工作各岗位所必需的会计核算能力，同时培养学生细致、准确、有条不紊的专业素质和心理素质；让学生把握各项具体的会计工作如何通过不同的会计岗位协同完成，从而搭建起会计工作整体框架，培养学生的全盘账务处理能力和各岗位的基本职业判断能力。

（三）基础会计实训内容及要求

基础会计实训内容及要求如表1.2所示。

表1.2　基础会计实训内容及要求

实训任务		实训内容	实训要求
单项实训	任务一	基础书写规范训练	掌握会计工作中文字和数字大小写的规范书写方法
	任务二	收银基本技能规范训练	1. 熟悉钞票整理的要求和钞票捆扎的方法，掌握点钞的基本方法 2. 掌握人工鉴别真假人民币的方法 3. 了解银行卡的种类及卡面特征，掌握银行卡的识别要点

续表

实训任务		实训内容	实训要求
单项实训	任务三	会计凭证规范训练	1. 能够规范地填制支票、发票、领料单、收据、进账单、借款单、差旅费报销单等常见的原始凭证，掌握原始凭证的审核方法，掌握原始凭证的整理、粘贴技能，能够按规范流程处理并传递原始凭证 2. 根据实训资料采用专用凭证进行会计凭证的填制、整理、传递 3. 根据实训企业的日常业务采用通用凭证编制相关记账凭证
	任务四	会计账簿规范训练	1. 掌握账簿登记的一般流程和简化流程及其适用的业务范围 2. 掌握各类账簿登记的一般技能要求 3. 熟练、规范地根据前期工作成果登记日记账、明细账 4. 能够采用适用的错账更正方法，对实训中出现的各类错账进行更正 5. 根据实训企业资料及前期会计凭证进行日常账簿的登记，能够结合企业具体情况独立分析、判断其期末账务处理的步骤和内容，在实训企业的资料和前期日常工作的基础上，进行期末账务处理，并登记相关账簿 6. 能够在考虑到期初未达账项和银行记账方向的基础上，熟练进行银行对账并编制银行存款余额调节表 7. 能够规范地进行各类账户的期末结账；针对实训企业编制总账科目试算平衡表，进行月末对账，对账无误后进行月末结账
	任务五	会计核算形式的应用训练	1. 汇总编制科目汇总表 2. 掌握总分类账的登记方法
	任务六	财务报表规范训练	1. 熟练编制资产负债表（表中项目只涉及本课程中介绍的科目范围），并根据实训企业资料及前期工作结果编制资产负债表 2. 熟练编制利润表，并根据实训企业资料及前期工作结果编制利润表
	任务七	账、证、表的装订与保管规范训练	掌握相关会计档案的整理方法，并能熟练进行会计凭证的装订，针对实训企业整理并装订会计凭证、账簿

续表

实训任务	实训内容	实训要求
综合实训	企业综合业务会计处理	期初业务： 1. 初步掌握目标企业的生产工艺流程、会计核算流程、会计岗位设置及职责等概况，并从中直观地感受到从经济业务发生到会计核算的基本过程 2. 熟练掌握企业各会计账户所采用的账簿形式、账页格式 3. 掌握建账的内容、方法和相关操作技能，能够根据企业资料独立完成建账工作 日常业务： 1. 各种会计凭证的填制、审核与传递 2. 日记账、明细账的登记 3. 试算平衡表、科目汇总表的编制及总账的登记 4. 错账的更正 期末业务： 1. 各种账项调整 2. 各种成本的计算 3. 损益的结转 4. 利润的计算 5. 对账 6. 结账 7. 编制资产负债表和利润表

四、基础会计实训组织建议

基础会计实训采用手工会计实训模式，对于单项实训和综合实训应采取不同的方式予以组织实施。

（一）单项实训

建议采用分散组织形式，与本课程的理论教学内容同步交叉进行，充分运用课后时间来完成各单项实训。

（二）综合实训

对于综合实训，可以根据教学安排，适当选取以下四种方式组织实施。

（1）"分步实训"方式：按记账凭证核算形式，将各实训项目穿插在《基础会计》（第3版）各章节的教学过程中，分步骤地完成相应的技能训练。

（2）"集中实训"方式：安排在《基础会计》（第3版）全部章节教学结束后，按记账凭证或科目汇总表核算形式，集中完成本实训资料的全部内容。

（3）"分步与集中实训相结合"方式：在各章节教学中，按记账凭证核算形式，组织分步实训，在此基础上，在各章节教学结束后再运用科目汇总表核算形式进行综合实训，将分散的实训内容综合成连续的、系统的会计工作过程。

（4）"设岗实训"方式：安排在《基础会计》（第3版）全部章节教学结束后，将每4名学生组成一个实训小组，小组即代表目标企业——徐记饼干厂的财务部门，内设4个岗位，分别为会计主管、出纳、制单员、记账员。基础会计设岗实训职责分工表如表1.3所示。

表1.3 基础会计设岗实训职责分工表

岗　位	岗　位　职　责
会计主管	授权批准、稽核检查
出纳	办理货币资金收付手续及登记日记账
制单员	填制记账凭证
记账员	记账、会计业务经办

会计主管（兼科长）岗位职责：
（1）领导本组各项工作；
（2）审核会计凭证；
（3）编制科目汇总表、登记总账；
（4）编制试算平衡表；
（5）编制资产负债表；
（6）保管一枚财务专用章。

出纳岗位职责：
（1）办理货币资金收付手续，填写银行结算凭证；
（2）登记现金日记账和银行存款日记账、编制银行存款余额调节表；
（3）保管一枚法人代表专用章；
（4）整理会计档案并装订；
（5）负责本组服务工作。

制单会计岗位职责：
（1）填制原始凭证；
（2）填制记账凭证；
（3）整理会计凭证。

记账会计岗位职责：
（1）登记各种明细账；
（2）财产清查、往来款管理等会计管理工作；
（3）月末总账和明细账的对账工作；
（4）调整期末账项、整理会计账簿资料；
（5）编制利润表。

设岗实训过程中，先分岗、再轮岗，在实训时间允许的情况下，最好经过4次轮换，使每名学生都将全部实训内容亲自操作一遍。

五、基础会计实训的评价

对于单项实训的评价,由于以培养学生良好的会计从业规范为目的,所以,评价应纳入平时作业的范畴进行考核,评价标准应按照《会计基础工作规范》的要求制定。

对于综合实训的评价,应采取单独考核方式和评价体系进行,其评价内容可包括正确性、规范性、实训态度和实训总结四个方面。对于正确性和规范性,应以《会计基础工作规范》为标准;对于实训态度,应侧重对实训过程的考核,对于过程考核不合格的,应采取一票否决制;对于实训总结,采取实训报告的方式进行考核,侧重了解学生通过实训,对会计工作的认识、理解和今后学习的规划,采取先量化再等级化的评价方式。基础会计综合实训评价标准如表1.4所示。

表1.4 基础会计综合实训评价标准

评价项目	评价项目细化	分数	总分等级
正确性	原始凭证的填制	10	
	记账凭证的填制	10	
	建账	3	
	日记账的登记	3	
	明细账的登记	3	
	银行存款余额表(科目汇总表)的编制	3	
	总账的登记	5	
	结账	3	
	会计报表的编制	5	
	小 计	45	优:90分以上
规范性	文字、数字书写规范	10	良:75~89分
	字迹清晰	5	中:65~74分
	装订整齐	5	及格:60~64分
	会计资料整洁、美观	5	不及格:60分以下
	小 计	25	
实训态度	按要求及时完成	3	
	操作细致、耐心	3	
	独立完成,不抄袭	4	
	小 计	10	
实训总结	内容完整准确,体会深刻、具体	10	
	文字流畅,层次分明	10	
	小 计	20	
	合 计	100	

第二篇 会计基础工作规范与训练

任务一 基础书写规范训练

财会书写规范是指会计人员在经济业务活动的记录过程中，对接触的数字和文字的一种规范化书写及书写方法，是衡量一个会计工作人员素质高低的标准。财会书写规范的基本要求是正确、规范、清晰、整洁、美观。

财会书写的内容包括文字的书写和数字的书写两大部分。

一、文字规范

会计工作对汉字书写的基本要求是简明扼要、字体得当、字迹清晰、排列整齐、书写流利且字迹美观。书写文字时一律用正楷或行书，不得使用草书。文字的大小适中、一致，不能过于稠密，应适当调整汉字间字距。

会计核算中，文字书写规范主要从以下三个方面把握。

（一）字体

汉字字体种类繁多，如仿宋体、扁魏体、正楷体、隶书及各种行书体、草体等。会计核算中究竟用哪种字体好，并无定数。但是，为了保持账务处理的整洁、美观、易于辨认，一般选用扁魏体、正楷体、行书体中的一种。初学者可以去书店选择字体娟秀的字帖，反复练习，掌握其要领。

（二）字形

会计核算中，无论是采用扁魏体、正楷体还是采用行书体，虽然每种字体笔画有所差异，但其笔画的组合形式（字的结构）是相似的。要使字体在结构上比较完美，基本上要合乎以下规则。

（1）平衡。字体笔画的配置应力求左右平衡、重心居中。上下相同部首组合的字或上下对称的独体字，应上紧下松，使之平稳。

（2）布白均匀。笔画间的空白部分称为布白，笔画间或部首间的组合布白应有均匀的感觉。

（3）参差有变。字体的笔画不能机械搭配，应使部首间有机联系，以免呆板，主要表现在部首间笔画能交错者应互相穿插避让,重复的笔画应有所变化。

(三) 字位

所谓字位,就是指每个字在凭证、账页、表册每行格中的位置,通常以占格高的 1/2 左右为佳,并落笔在底线上,以避免文字书写过大没有更改的位置或书写过小难以辨认。

二、数字规范

会计核算中的数字包括阿拉伯数字和大写数字。

(一) 阿拉伯数字

1、2、3、4、5、6、7、8、9、0 是世界上通用的数字,会计核算中多在填写单、证、账册、报表及记录计算结果时使用,书写时每个数字要大小均匀、笔画流畅,独立有形,不连笔书写,应让使用者一目了然。

(1) 每个数字要紧贴底线书写,但上端不可顶格,其高度占全格 1/2~2/3 的位置,要为更正错误数字留出余地。除 6、7、9 外,其他数字要高低一致。书写数字 6 时,上端比其他数字高出 1/4;书写数字 7 和 9 时,下端比其他数字伸出 1/4。6、8、9、0 等数字,圆圈要封口,3 和 8 的上半部应小于下半部。同一行的相邻数字之间要空出半个阿拉伯数字的位置。

(2) 书写时每个数字要排列有序并且要有一定的倾斜度,一般要求上端一律向右倾斜 55°~60°,各数字的倾斜度要一致。

(3) 书写小写金额时,小写金额前填写人民币符号"¥",数字后面无须写"元"字,且应写至分位,角分为 0 的可用"—"表示。此外,小数点 (.) 应在个位和角位之间,从小数点向左按照"三位一节"用分位符",或千分空分开,如 ¥8,365,142.30、¥72 500.00。在填写会计凭证、登记会计账簿时,数字必须按数位填入,金额要用"0"占位至"分"为止,不能用画线等方法代替。

(4) 各个数字的书写规则。0 字不要写小了,并要闭合,以免改为 9,连续写几个 0 时,不要写连接线。1 字不能写得比其他数字短,以免被篡改。2 字不能写成 Z,以免改为 3。3 字要使起笔处至转弯处距离稍长,不应太短,且转弯处要光滑,使其不易误认为 5。4 字的转角要死折,使其不易改为 6。5 字的短横与"秤钩"必须明显,切不可拖泥带水,以防与 8 混淆。6 字起笔要伸至上半格 1/4 处,下圈要明显,使其不易改为 4 与 8。7 字上端一横既要明显,又要平直,折划不得圆滑,以与 1 和 9 明显区别开来。8 字注意上下两圈明显可见,且上圈稍小。"9"字的小圈不要留间隙,下伸至下半格 1/4 处,以免与 4 混淆。

(二) 大写数字

大写数字分为数字(零、壹、贰、叁、肆、伍、陆、柒、捌、玖)和数位(拾、佰、仟、万、亿、元、角、分、整)两个部分。会计人员在书写中文大写数字时,不能用 0、另、一、二、三、四、五、六、七、八、九、十、毛等文字代替大写金额数据。大写数字主要用于填制需要防止涂改的通用凭证,如收据、发票、支票、经济合同等书面凭证。

在会计核算中,票据和结算凭证的金额应以中文大写数字和阿拉伯数字同时记录,二者必须一致，二者不一致的票据无效，二者不一致的结算凭证银行不予受理。票据的出票日期必须使用中文大写，在填写时，月为壹、贰和壹拾的，日为壹至玖和壹拾、贰拾、叁拾的，应在其前面加"零"字；日为拾壹至拾玖的，应在其前面加"壹"字。票据出票日期使用小写填写的，银行不予受理。

三、书写错误更正规范

在财会书写时如果不慎发生书写错误，应按正确的方法进行更正，不得随意涂改、刮擦、挖补，更不能用药水消字。

（1）在原始凭证中出现书写错误，如果是所记载的内容有错误，需要重开或更正，此项工作必须由原始凭证出具单位负责，并在更正处加盖出具单位印章。如果是原始凭证金额出现错误，不得更正，只能由原始凭证开出单位重开。书写错误的收据、支票等原始凭证，不能毁掉，而应在其上注明"作废"字样，并与重新写好的凭证订在一起保存好备查。

（2）在记账凭证中出现书写错误，如果尚未记账，应当重新填制凭证；如果已经记账，但尚未进行年度结账，可以用红字填写一张与原内容相同的记账凭证，同时再用蓝字重新填制一张正确的记账凭证，不能撕掉重填。如果会计科目没有错误而只是金额错误，也可以将正确数字与错误数字之间的差额另行编制一张调整的记账凭证，调增金额用蓝字，调减金额用红字；如果已经进行了年度结账，即以前年度记账凭证有错误的，应当用蓝字填制一张更正的记账凭证。

（3）如果在结账前发现账簿记录有文字或数字错误，而记账凭证没有错误，可以采用划线更正法。更正时，先在错误的文字或数字上划一条红线，将其全部注销，然后在错误文字或数字上方的空白处，用蓝色或黑色墨水笔填写上正确数字，予以更正，并由经手人在更正处盖章，以明确责任。

四、实训——会计核算书写

（一）实训目的

熟练掌握数字和文字的标准写法，达到财会书写规范要求。

（二）实训要求

（1）会计工作的阿拉伯数字手写体书写可以在图 2.1 中练习，请按规范进行书写。
（2）请将下列小写数字写成大写数字、将大写数字写成小写数字。

¥ 375,214.30

¥ 5,005.00

人民币玖万玖仟肆佰零壹元整

人民币叁佰贰拾伍元壹角整

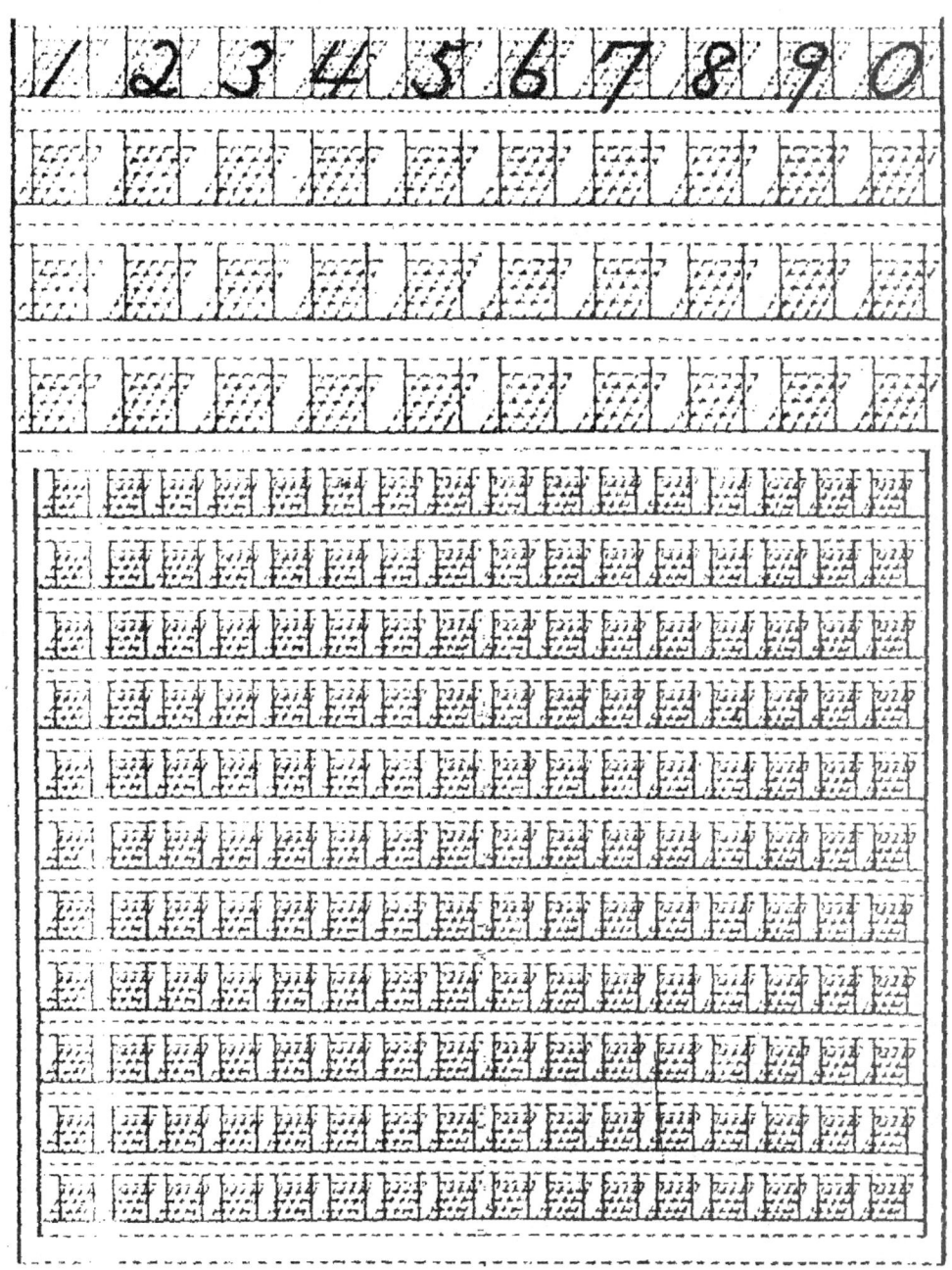

图 2.1 数字书写练习页

（3）请写出下列票据日期

2020 年 11 月 20 日

2021 年 2 月 9 日

任务二　收银基本技能规范训练

一、点钞技能规范

点钞技能是财经商贸类学生应掌握的一项技能，也是各单位会计人员，尤其是出纳人员必须具备的一项基本功。

（一）点钞的一般程序

出纳人员在办理现金收付业务时，一般应按下列程序办理：审查现金收、付凭证及其所附的原始凭证，检查应填项目是否填写齐全、清楚，内容是否一致；依据现金收、付凭证的金额，先点大额票面金额数，再点小额票面金额数；在点数过程中，一般应边点数，边在算盘或计算器上加计金额，点数完毕，算盘或计算器上的数字，应与应点数额及现金收、付凭证上的金额相一致。需要注意的是，在点数过程中，对于成捆、成把现钞上原有的封签、封条和封纸，应暂时保存，点数无误后方可扔掉；点数无误后，办理具体的现金收、付业务。

（二）点钞的操作流程

点钞的操作流程主要包括五道工序：拆把、点数、整理、扎把、盖章。

1. 拆把

拆把即将未清点的成把钞票拿在手中，然后脱去捆扎的纱纸条或将纱纸条弄断，为点数做好准备。需要注意的是，在款项没有清点完毕之前，纱纸条不能丢掉。

2. 点数

点数即一只手持钞，另一只手点钞，眼睛紧盯捻动的钞票，同时在心中记数，确保钞票清点准确无误。

3. 整理

整理即将已清点无误的钞票清理整齐，将折叠的钞票抚平，将钞票上、下、左、右蹾齐。

4. 扎把

扎把即将已蹾齐的一百张钞票用纱纸条捆扎牢固。

5. 盖章

盖章即在捆扎钞票的纱纸条侧面加盖清点人员的名章，以明确责任。

（三）手工点钞的基本要领

1. 坡度（扇面）要均匀

采用手持式或扇面式方式点钞时，都需要把钞票打开呈一定角度的坡度或扇形，使每张钞票都露出一定宽度的边，以便于捻动钞票。为了在捻钞过程中不易夹张，这个边的宽度必须均匀一致。

2. 手指要放松

点钞时，捻动钞票的手指要尽可能放松，不能过于紧张，这样才能保持点钞顺畅。如果手指太僵硬，那么既会影响点钞的速度，又会白白消耗体力。

3. 手指与钞票的接触面要小

手工点钞时，捻钞的手指与钞票的接触面要小，这样才能使钞票捻出后迅速弹出。如果手指与钞票的接触面太大，一是造成手指往返动作幅度随之增大，导致手指捻钞的频率下降；二是钞票不易弹出，往往会被手指挡住，影响手指动作的频率和点钞速度。

4. 动作要连贯

动作连贯是提高点钞效率的必要条件，是指点钞过程中的每个环节，如拆把、点数、扎把等环节要环环紧扣，双手动作要协调配合，捻钞的各手指要紧密相随，清点时要保持均匀的节奏，尽量缩短或不留空隙时间，保持连续性，要注意减少不必要的小动作。

5. 点数要准确

点数准确是点钞技术最基本的要求，点钞时必须集中精神，做到手、眼、脑三位一体，协调配合，这样才能达到点数准确。

6. 钞票要蹾齐

点完一把钞票后，应将钞票四面蹾齐，将折叠起来的钞票整理平整。蹾齐钞票的标准是四条边水平，不露头，卷角拉平。

7. 扎把要牢固

钞票蹾齐后，应用纱纸条将钞票捆扎牢固，即将任意一张钞票提离桌面时，钞票不能掉下来，也不能移位。钞票掉下来的，称为散把；钞票移位的，称为松把。扎小把时，以提起把中第一张钞票不被抽出为准。按"#"字形捆扎的大捆，以用力推不变形，抽不出票把为准。

8. 盖章要清晰

钞票扎好后，点钞人要在纱纸条的侧面加盖私章，所盖印章必须清晰可辨。盖章是点钞的最后一道工序，是明确责任的依据。

（四）点钞方法

点钞方法分为手工点钞法和机器点钞法，一般企事业单位使用的主要还是手工点钞法。常见的手工点钞法有手按式点钞法、手持式点钞法、扇面式点钞法等。

1. 手工点钞

（1）手按式点钞法。手按式点钞法又称伏案式点钞法，是以桌面为依托的点钞方法。手按式点钞法是银行最传统、最常用的点钞方法。按照捻钞手指的多少，手按式点钞法分为手按式单指单张点钞法和手按式多指多张点钞法。

① 手按式单指单张点钞法。手按式单指单张点钞法如图2.2所示，其优点是准确率较高，清点时可以看到的票面面积较大，便于挑剔残损钞票和识别假币，适用于收、付款工作的初点和复点。但这种点钞方法由于要将捻钞的手肘向上抬起，所以容易疲劳而导致点钞速度下降。手按式单指单张点钞法的具体操作如下：

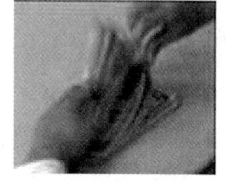

图2.2　手按式单指单张点钞法

a. 按钞。拆把后，将钞票平放在面前的桌面上，左手小指和无名指按住钞票的左上角，食指、中指自然弯曲，拇指呈自然放松状态；右手小指、无名指按在钞票右上角。

b. 捻钞。右手肘向上抬起,掌心向下,右手拇指托起部分钞票的右下角,食指捻最上面一张钞票的右下角,提起后左手拇指快速接过并送到左手食指与中指之间夹住,如此循环操作,直至点完最后一张钞票。

c. 记数。记数与捻钞同步进行,可采用分组记数法记数,即数第一组时,心中默念1、2、3、4、5、6、7、8、9、10;数第二组时,心中默念2、2、3、4、5、6、7、8、9、10……以此类推,直到数到第十组结束,即一把(100张)。

d. 扎把。先将整点准确的100张钞票在桌面蹾齐,使钞票的四面均呈长方形,然后用纱纸条将钞票捆扎牢固。

e. 盖章。

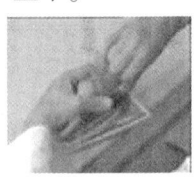

图2.3 手按式多指多张点钞法

② 手按式多指多张点钞法。手按式多指多张点钞法应用三只手指或四只手指点钞,如图2.3所示,其优点是准确率高、速度快,适用于收、付款的复点工作。其缺点与手按式单指单张一样,捻钞的手容易疲累而降低点钞速度。手按式多指多张点钞法的具体操作如下:

a. 按钞。拆把后,将钞票平放在面前的桌面上,为方便捻钞,钞票右下角应在桌面外,左手小指和无名指按住钞票的左上角,食指、中指自然弯曲,拇指呈自然放松状态。

b. 捻钞。右手肘向上抬起,掌心向下,右手拇指托起部分钞票的右下角,无名指、中指、食指(或小指、无名指、中指、食指)依次各点一张钞票,称为"一手"。一手点三张(或四张)钞票,如此循环操作,直至点完最后一张钞票。

c. 记数。记数与捻钞同步进行,采用连续记数法记数,即数第一手时,心中默念1,数第二手时,心中默念2……以此类推。如果采用三指点钞法,数到第三十三手加一张时为一把(100张);如果采用四指点钞法,数到第二十五手时为一把(100张)。

d. 扎把、盖章的操作与手按式单指单张点钞法一样。

(2)手持式点钞法。手持式点钞法是一种无须借助桌面摆放钞票的点钞方法。按照捻钞手指的多少,手持式点钞可分为手持式单指单张点钞法和手持式多指多张点钞法。

① 手持式单指单张点钞法。手持式单指单张点钞法是全国公认的一种比较先进的点钞技术,它具有手按式单指单张点钞法的优点,而且点钞时较轻松省力。其具体操作如下:

a. 持钞。拆把后,左手中指和无名指夹紧钞票左端并弯曲,拇指按住钞票下端向上、向外翻转,使钞票大概呈70°直立,并将钞票折成一个坡形扇面形状,食指伸直抵住钞票背面。

b. 捻钞。左手持钞定型后,右手食指、中指托住部分钞票的右上角,拇指指尖轻捻钞票的右上角,将钞票向右下方逐张捻动,拇指每捻动一张钞票,无名指在钞票背面弹拨一次。左手拇指应随着点钞的进度逐步向后移动,左手食指在钞票背面适当加力,以便钞票可以顺畅下落。

c. 记数、扎把、盖章方法与手按式单指单张点钞法一样。

② 手持式多指多张点钞法。手持式多指多张点钞法是指用小指、无名指、中指、食指四指依次点钞(称为一手),一手点四张钞票,循环清点,直至点完最后一张钞票的点钞方法,

如图2.4所示。手持式多指多张点钞法的优点是一次点钞四张，速度快，轻松省力。缺点是动作难度较大，不易点准。其具体操作如下：

a. 持钞。手持式多指多张点钞法的持钞方式比较特殊。拆把后，左手持钞，手指向下，掌心向内，中指指背贴在钞票正面左端约1/3处，食指、无名指、小指在钞票背面向内用力，中指向外用力，拇指按在钞票右上角向内、向下按压并固定，使钞票右端呈坡形扇面形状。然后左手腕向内翻转，使凸面向右，中指和无名指夹紧钞票，食指移到钞票上侧边按住。

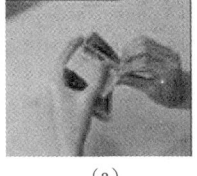 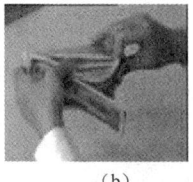

（a）　　　　　　（b）

图2.4　手持式多指多张点钞法

b. 捻钞。右手拇指轻轻托住部分钞票的右下角，食指、中指、无名指、小指自然并拢弯曲，指尖成一条斜线。小指、无名指、中指、食指依次捻下一张钞票，四指共捻四张，称为"一手"。第一手、第二手、第三手……如此循环操作，直到第二十五手清点完一把（100张）为止。

c. 记数方法与手按式多指多张点钞法一样，扎把和盖章方法与手按式单指单张点钞法一样。

（3）扇面式点钞法。扇面式点钞法是指将钞票捻成扇面状，分组点数的点钞方法。点钞时，每组钞票的数量可分为5张、10张、12张、14张、16张等。根据按压钞票的手指多少不同，扇面式点钞法可分为扇面式一指多张点钞法和扇面式多指多张点钞法。

① 扇面式一指多张点钞法。扇面式一指多张点钞法的具体操作如下：

a. 持钞。左手持钞，将钞票直立，左手拇指在钞票正面下端约1/4处，食指、中指在钞票背面，钞票的左下角紧贴食指的根部，食指、中指在钞票背面呈剪刀状，无名指、小指向掌心自然弯曲。

b. 拆把开扇。右手拇指和食指捏住纱纸条将其撕断后，拇指移到钞票正面中间，其余手指放在钞票背面，虎口抵住钞票右侧面，做好开扇准备。开扇时，以左手拇指为轴，右手握住钞票，拇指向逆时针方向推动钞票，其余四指在钞票背面将钞票向里压弯呈弧形，并向顺时针方向甩动钞票，使钞票的上端两角向左右两边均匀移动成扇形，直至能看清每张钞票的边缘（任何两张钞票都不重叠）为止。一般来说，一把钞票开扇后，整个扇面约呈120°角，上端两个角之间的距离约为23cm。

c. 清点。开扇后，右手松开钞票，左手持钞定型，眼睛与扇面保持一定距离。点数时眼睛从扇面右上角开始往左看，确认一组钞票后，右手拇指快速将该组钞票向下按压，同时右手食指马上跟上，将这组钞票压住，以便拇指可以解脱出来进行第二组钞票的清点。

d. 记数。采用分组记数法进行记数。

e. 扎把和盖章方法与手按式单指单张点钞法一样。

② 扇面式多指多张点钞法。扇面式多指多张点钞法（四指四张）的操作方法除了点数环节不同外，其余环节均与扇面式一指多张点钞法相同。

2. 机器点钞方法

机器点钞速度一般是手工点钞的2~3倍，对提高工作效率、减轻出纳人员劳动强度、改善临柜服务态度、加速资金周转都有积极的作用，而且在点钞的同时还能够检验钞票的真伪，

图 2.5 机器点钞法

如图 2.5 所示。

（1）点钞前的准备工作。

① 点钞机的摆放。点钞机一般放在操作人员的正面。

② 试机。点钞机使用前要进行调试，力求转速均匀，点钞准确，下钞流畅，落钞整齐，并确定数码显示为"00"。

③ 点钞物品的摆放。钞票在桌面上摆放整齐，一般点钞机点钞用于人工点钞后的复点，资金积累点的钞票放在点钞机的右侧，点完的钞票放在点钞机的左侧，纱纸条横放在点钞机的前方。

（2）机器点钞的操作程序。机器点钞和手工点钞一样，也分为拆把、点数、整理、扎把、盖章五道工序。除了点数工序与手工点钞不同外，其他工序的操作与手工点钞一样。

使用机器点钞时，必须注意以下事项。

① 点钞时，必须检查点钞机计数器显示的读数是否为零，数字非零时必须按"清零"键将读数清零。

② 拆把后，左手拇指稍用力向下方掀动钞票下侧面，使钞票呈微梯形后放入进钞口，注意不可用力往下压钞票，要让钞票自动下滑。

③ 钞票全部下到接钞口后，要看清计数器的显示数字是否与实际张数相符。若不符，则要重新清点一次。

④ 左手将清点无误的钞票从接钞口取出后，要检查点钞机周围有无掉张。无掉张的，右手立即将下一把钞票放入进钞口清点，尽量不留空隙。

⑤ 将清点无误的钞票蹾齐、扎把时（盖章工序一般留在每笔款项全部清点完毕后做），眼睛应紧盯着点钞机上还在清点的其他钞票，不能分神。扎好的钞票应放在点钞机的左侧。

（3）机器点钞容易发生的差错和防止方法。

① 接钞台留张。左手到接钞台取钞时，有时会漏拿一张，造成上下把不符。防止方法：取尽接钞台内的钞券，或对不同的票面交叉进行清点。

② 机器"吃钞"。引起机器吃钞的主要原因是钞券较旧，很容易卷到输钞轴上或带进机器肚内；出钞歪斜，容易引起输钞紊乱、挤扎或飞张，也有可能被下钞轮带进机器肚内。防止方法：调整好面板和调节螺丝，使下钞流畅、整齐；输钞紊乱、挤扎时要重新清点一遍；要检查机器底部和前后输钞轴是否有钞券夹住。

③ 多计数。造成多计数的原因主要有：机器在清点辅币、旧币时容易发生飞张造成多计数；钞券开裆破裂，或一把钞券内残留纸条、杂物等，也会造成多计数。防止方法：可将钞券调头后再清点一遍，或将杂物、纸条取出后再点一遍。

④ 计数不准。计数不准除了因电路故障和钞券本身的问题外，光电管、小灯泡积灰或电源、电压大幅升降都会造成多计数或少计数。防止方法：经常打扫光电管和小灯泡上面的灰尘，荧光数码管突然计数不准时要立即停机，检查机器的线路或检测电压。

（4）点钞机的使用方法。点钞机有许多种类和型号，但无论哪种类型的点钞机，其主要功能都是点钞和防伪，不同型号的点钞机的使用方法大同小异。

3. 硬币整点方法

硬币的整点方法有手工整点和机具整点两种，由于在现金收付工作中硬币使用相对较少，所以多采用手工整点方法。

手工整点硬币的方法一般分为拆卷、清点、记数、包装及盖章五个环节。

(1) 拆卷。右手持硬币卷的1/3部位，放在待清点完包装纸的中间，左手撕开硬币包装纸的一头，然后右手拇指向下从左到右端压开包装纸，把纸从卷上面压开后，左手食指平压硬币，右手抽出已压开的包装纸，这样即可准备清点。

(2) 清点。按币值由大到小的顺序进行清点，用左手持币，右手拇指、食指分组清点。为保证准确，用右手中指从一组中间分开查看，如一次点18枚为一组，则从中间分开一边9枚；如一次点10枚为一组，则一边为5枚。

(3) 记数。采用分组记数法，一组为一次，如点10组即记10次，其他以此类推。

(4) 包装。清点完毕后，用双手的无名指分别顶住硬币的两头，用拇指、食指、中指捏住硬币的两端，将硬币取出放入已准备好的包装纸1/2处，再用双手拇指把里半部的包装纸向外掀起掖在硬币底部，再用右手掌心用力向外推卷，然后用双手的中指、食指、拇指分别将两头的包装纸压下贴至硬币，这样使硬币两头压三折，包装完毕。

(5) 盖章。硬币包装完毕后，要盖上整点人员名章，以明确责任。

4. 钞票的整理和捆扎方法

(1) 钞票的整理要求。每100张同面额的钞票称为"一把"，对于成把的钞票，应用纱纸条将其捆扎牢固并在纱纸条腰部盖章确认。对于不足百张的同面额钞票，收银员应以10张为单位起"叠"，每10张为"一叠"。对于成"叠"的钞票，应用纱纸条捆扎好并将实际金额写在纱纸条上；对于不成叠的个别零散张数，收银员应用另一条纱纸条捆扎好并将实际金额写在纱纸条上。

(2) 钞票的捆扎方法。钞票的捆扎是点钞过程中的一个重要环节。无论采取哪一种点钞方式，钞票的捆扎速度对提高点钞的整体速度都起着至关重要的作用。钞票的捆扎主要是指对成把钞票的捆扎（又称扎把）。如图2.6所示，扎把最常用的方法有以下两种。

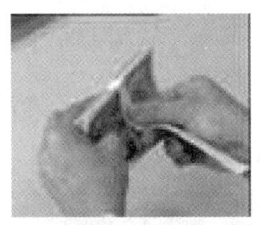 

图 2.6 扎把

① 缠绕式扎把法。将清点无误的钞票蹾齐，左手横执钞票，左手拇指在钞票正面，其余四指在钞票背面，五指齐用力，使钞票向内呈弧形，但弧度不宜过大。右手持纱纸条放在钞票背面中间（水平中间），左手食指或中指将纱纸条压住，右手拇指、食指、中指将纱纸条较长一端捏住由外向里（怀里）快速缠绕两圈半，然后右手腕向右侧翻转，使纸条折成一角度后用拇指（或食指）将纱纸条插入钞票正面下端圈内，最后将钞票压平即可。

② 拧结式扎把法。将清点无误的钞票蹾齐，左手横执钞票，正面朝向点钞人，左手拇指按在钞票正面，食指伸直放在钞票的上侧面，中指、无名指、小拇指放在钞票背面。右手取纸条，纸条1/3处搭在钞票1/2处，左手食指在上侧面按住纸条，右手拇指与食指捏住纸条

较长的一端向外缠绕半圈，在纸条两端并拢处拉紧，左手将钞票握成弧形并向外转动半圈，拧好纱纸条打成蝴蝶结后将钞票压平即可。

二、验钞技能规范

（一）人民币的一般防伪特征

中国人民银行于 2019 年 8 月发行了 2019 年版第五套人民币 50 元、20 元、10 元、1 元纸币，以及 1 元、5 角、1 角硬币。由于 2015 年 11 月发行的新版 100 元纸币的防伪能力和印制质量明显提升，受到社会广泛好评，因此 2019 年新版人民币中没有 100 元纸币。同时，为提高人民币防伪能力和流通寿命，目前选择面额较低、流通量较小的 5 元纸币进行相关新技术的应用研究，其发行工作另做安排。

1. 2015 年版 100 元人民币的防伪特征

2015 年版第五套人民币 100 元纸币（样币见图 2.7）在保持 2005 年版第五套人民币 100 元纸币规格、主图案、主色调、"中国人民银行"行名、国徽、盲文、汉语拼音行名、民族文字等不变的前提下，对部分图案做了调整，对整体防伪性能进行了提升。

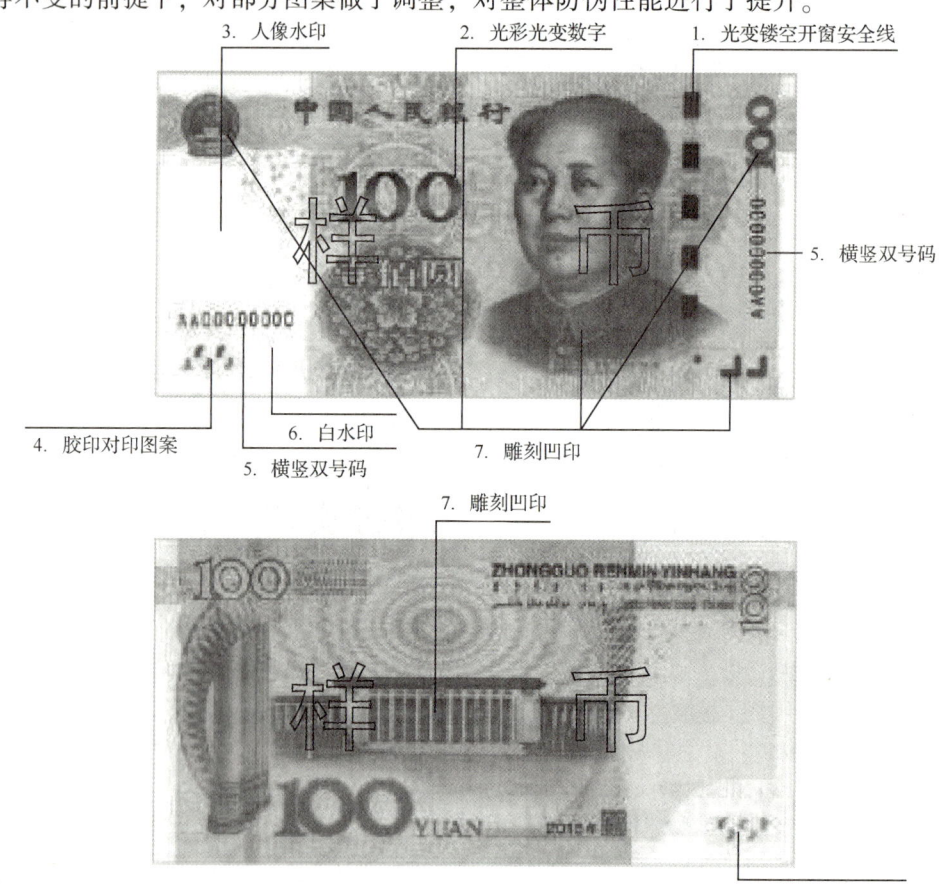

图 2.7　2015 年版第五套人民币 100 元样币

(1) 正面图案的主要调整。

① 取消了票面右侧的凹印手感线、隐形面额数字和左下角的光变油墨面额数字。

② 票面中部增加了光彩光变数字，票面右侧增加了光变镂空开窗安全线和竖号码。

③ 票面右上角面额数字由横排改为竖排，并对数字样式做了调整；中央团花图案中心花卉色彩由桔红色调整为紫色，取消花卉外淡蓝色花环，并对团花图案、接线形式做了调整；胶印对印图案由古钱币图案改为面额数字"100"，并由票面左侧中间位置调整至左下角。

(2) 背面图案的主要调整。

① 取消了右侧的全息磁性开窗安全线和右下角的防复印标记。

② 减少了票面左右两侧边胶印图纹，适当留白；胶印对印图案由古钱币图案改为面额数字"100"，并由票面右侧中间位置调整至右下角；面额数字"100"上半部颜色由深紫色调整为浅紫色，下半部由大红色调整为桔红色，并对线纹结构进行了调整；票面局部装饰图案色彩由蓝、红相间调整为紫、红相间；票面左上角、右上角面额数字样式均做了调整。

③ 年号调整为"2015 年"。

(3) 防伪特征（扫描右侧二维码学习具体特征）。

① 光变镂空开窗安全线，位于票面正面右侧。垂直票面观察，安全线呈品红色；与票面成一定角度观察，安全线呈绿色；透光观察，可见安全线中正反交替排列的镂空数字"100"。

② 光彩光变数字，位于票面正面中部。垂直票面观察，数字以金色为主；平视观察，数字以绿色为主。随着观察角度的改变，数字颜色在金色和绿色之间交替变化，并可看到一条亮光带上下滚动。

③ 人像水印，位于票面正面左侧空白处。透光观察，可见毛泽东头像。

④ 胶印对印图案。票面正面左下方和背面右下方均有面额数字"100"的局部图案。透光观察，正背面图案组成一个完整的面额数字"100"。

⑤ 横竖双号码。票面正面左下方采用横号码，其冠字和前两位数字为暗红色，后六位数字为黑色；右侧竖号码为蓝色。

⑥ 白水印，位于票面正面横号码下方。透光观察，可以看到透光性很强的水印面额数字"100"。

⑦ 雕刻凹印。票面正面毛泽东头像、国徽、"中国人民银行"行名、右上角面额数字、盲文及背面人民大会堂等均采用雕刻凹印印刷，用手指触摸有明显的凹凸感。

2. 2019 年版 50 元人民币的防伪特征

(1) 与 2005 年版人民币保持不变的元素。2019 年版第五套人民币 50 元纸币（样币见图 2.8）的规格、主图案、主色调、"中国人民银行"行名、国徽、盲文面额标记、汉语拼音行名、民族文字等要素，雕刻凹印、白水印等防伪特征，均与 2005 年版第五套人民币 50 元纸币相同。

(2) 主要防伪特征。

2019 年版人民币 50 元纸币防伪特征的变化主要有以下几点，如图 2.9 所示。

① 光彩光变面额数字，位于票面正面中部。改变钞票观察角度，面额数字"50"的颜色在绿色和蓝色之间变化，并可见一条亮光带上下滚动。

② 动感光变镂空开窗安全线，位于票面正面右侧。改变钞票观察角度，安全线颜色在红色和绿色之间变化，亮光带上下滚动。透光观察可见"￥50"字样。

图 2.8　2019 年版第五套人民币 50 元样币

图 2.9　2019 年版人民币 50 元纸币防伪特征变化

③ 雕刻凹印。票面正面毛泽东头像、国徽、"中国人民银行"行名、装饰团花、右上角面额数字、盲文面额标记及背面主景等均采用雕刻凹版印刷，触摸有凹凸感。

④ 人像水印，位于票面正面左侧。透光观察，可见毛泽东头像水印。
⑤ 白水印，位于票面正面左侧下方。透光观察，可见面额数字"50"。
⑥ 胶印对印图案。票面正面左下角和背面右下角均有面额数字"50"的局部图案。透光观察，正背面图案组成一个完整的面额数字"50"。

2019年版人民币50元纸币取消了正面左下角光变油墨面额数字、右侧凹印隐形面额数字和手感线图案，以及背面全息磁性开窗安全线。

3. 硬币防伪技术

硬币防伪措施主要体现在硬币的材质、形状和铸造工艺等几个方面。

(1) 材质。除了金、银、铜、镍、铝及其合金等传统的造币材料外，从20世纪70年代初开始，出现了三明治式的铜铁复合、镍铁复合和钢芯镀铜、钢芯镀镍、锌芯镀铜等包覆材料，不锈钢也应用于制造流通硬币。

(2) 形状和铸造工艺。除了传统的平边、丝齿外，还出现了多边形、异形、圆形中间打孔、间接丝齿、连续斜丝齿、双金属镶嵌、三金属镶嵌、局部镶嵌、边部滚字、边部凹槽滚字、隐形雕刻、丝齿滚字、激光全息、彩色、微粒细点、高浮雕、反喷沙等全新概念的新工艺、新技术。

(二) 假人民币的种类和主要特征

假人民币是指仿照真人民币纸张、图案、水印、安全线等原样，利用各种技术手段非法制作的伪币。假人民币可分为伪造币和变造币两种类型。

1. 伪造币的类型及特征

伪造币是仿照真币的形象，非法印刷、影印、描画、加工制作的票币，其类型可分为以下几种。

(1) 机制假币。纸张韧性差，无弹性，纸张内无水印图案，水印用浅色油墨加盖在纸面且模糊不清；底纹浅，呈网状结构；连线出现断裂或重叠，主景图案层次不丰富；在紫外光下有荧光反应，安全线用黄色油墨加印在纸面上。

(2) 拓印假币。纸质较差，无挺度，纸张由三层组成，正背两面各为一张薄纸，且纸面上涂有一层油质，中间为一张白纸，墨色暗淡，无光泽；水印描绘在中间白纸上，失真度较大；在紫外光下有强烈荧光反应；纸幅一般较真票略小。

(3) 复印假币。复印假币又分为黑白复印、彩色复印和激光复印等几种。其纸质为复印机专用纸，弹性差，手感光滑；线条呈点状结构；正反面出现色差，正面人像偏红色或偏黄色；水印用白色油墨加盖在背面，在紫外光下有强烈荧光反应；冠字号码是加印而成的。

(4) 石、木版印制假币。通过石刻、木刻制版后进行套印，手法粗糙，人像、图案失真度较大，水印多为手工描绘。

(5) 蜡版油印假币。蜡版油印假币又分为手工刻印和誊印两种，主要采用蜡纸进行刻印或通过电子扫描制成蜡版，然后油印而成。其主要特征是纸质无弹性，正反两面黏合而成；水印手工描绘，失真度大；油墨无光泽，色彩暗淡；在紫外光下有荧光反应。

(6) 照相假币。纸面较光滑，纸质无弹性；人像、图案无立体感；无底纹线，墨色出现色差；水印是描绘而成的，失真度较大；纸幅比真币略小。

(7) 描绘假币。此类假币主要采用手工描绘进行伪造而成,近年来此类假钞有所减少,其主要特征是底边凹印图案呈不规则状;人像、图案等失真度较大;在紫外光下有荧光反应。

(8) 剪制假币。此类假币主要是通过将书报杂志上印制的人民币图案剪下来而制成的假钞,一般利用黄昏或夜晚进行使用,稍加注意,极易发现。

2. 变造币的类型及特征

变造人民币是采用将票券正面或反面揭开、剪割、拼凑、涂改面额等手段制造的货币,是一种破坏人民币的非法行为。目前,变造人民币的主要类型有以下几种。

(1) 涂改变造币。涂改变造币是指使用消字、消色等方法,将小面额人民币的金额消去,描绘或刻印成大面额人民币的金额,以此来混充大面额钞票。其特征是钞票金额数字部位有涂改和用刀刮过的痕迹。花纹、颜色图案及尺寸均与真钞不符。

(2) 拼凑、挖补变造币。此类假币是指用剪贴的方法,使用多张真钞通过挖补,拼出数张假钞以达到混淆、混用,从中非法获利的目的。其特征是拼凑出的钞票纸幅比真钞短缺一截,或花纹不衔接,钞票背面有纸条或叠压粘贴痕迹。

(3) 揭张变造币。揭张变造币是指经过处理,将真钞揭开为正、背面两张,再贴上其他纸张,折叠混用,以达到非法获利目的而制成的假币。其特征是揭张后的钞票比原有钞票纸质薄,挺度差,一面用其他纸张裱糊,只要将票面展开,正反面一看即可发现。

(三)真假人民币的鉴别方法

1. 纸币的鉴别方法

检验真假纸币的方法分为机器鉴别法和人工鉴别法两种。

(1) 机器鉴别法。目前鉴别伪造币的仪器可分为专用型和普及型两种。其中,专用型鉴别仪器价格昂贵,操作复杂,是专门机构用来分析伪造人民币的制伪手段的专用设备,一般单位不宜配置。这里主要介绍三种普及型鉴别机器。

① 磁性触头。磁性触头主要是检测钞票特定部位有无磁感应。将钞票在磁性触头上擦拭,真币有磁性油墨,所以会有反应;假币无磁性油墨,无反应。

② 防伪点钞机。目前较通行的是综合使用光谱、红外线、荧光和磁性油墨等辨假措施的防伪点钞机。

③ 人民币自动验钞机。这是一种比较先进的人民币鉴别机器,一般采用CPU控制及数码识别技术,由微电脑存储各种版本人民币及假币参数,对钞票的安全线、水印、尺寸、纸质、磁性油墨及荧光特性等进行多重鉴别,具有验钞速度较快、准确率高、使用方便、体积小等特点。

(2) 人工鉴别法。人工鉴别包括眼看法(视觉)、手摸法(感觉)、耳听法(听觉)、比较法等方面。

① 眼看法。看钞票的水印是否清晰,有无层次及浮雕的效果;看有无安全线;看多色接线图纹的颜色相接处是否过渡平稳,有无搭接的痕迹;看凹印部分图案是否均由点线构成。真币的花纹、线条粗细均匀,图案清晰,色彩鲜艳,颜色协调,层次分明。

② 手摸法。触摸票面上凹印部位的线条是否有凹凸感,纸质厚薄及挺括程度。真币纸张坚挺,厚薄适中,在特定部位有凹凸感;而假币一般纸质薄,挺括程度差,表面光滑无凹凸感。

③ 耳听法。钞票纸张是特殊的纸张，挺括耐折，用手抖动会发出清脆的声音，而假币由于制造设备落后，印刷的光洁度、挺括度都不如真币好，因此声音比较沉闷。

④ 比较法。当用眼看、手摸、耳听等手段发现了可疑票币后，仍不能准确加以确定其真伪的，需要用真币与可疑票币进行仔细校对识别，必要时可以借助放大镜、显微镜等仪器来判明真假。

2. 硬币的鉴别方法

（1）对比法。采用与真币进行对比的方法来识别假币。真币的外形很规整，边部光滑平整，币面图案的中心线基本对正重合，有柔和的金属光泽。而假币外形不规整，边部容易有毛刺或起线不圆滑，厚度不均匀，图纹文字模糊发虚，正、背面图案的中心线错位较大，其金属色泽发白发闷。

（2）测量称重法。用千分尺测量硬币的直径、厚度，如有条件，还可以用工具显微镜检测其清边宽度是否匀称，清边高度和清边是否对称，可以用精度不低于 0.001g 的衡器检测一下硬币的单枚重量。

（3）图纹重合比照法。对于有些采用高科技仿制的质量较高的金属假币，采用对接重影比较仪观察硬币的图案、花纹、文字是否完全重合。

（4）合金成分分析法。如遇到数量较大且难以辨别真伪的金属硬币，可以送到国家造币厂去检测，通过对硬币金属材料的分析辨别真伪。

（四）残损人民币的挑拣与兑换

残损人民币是指由于某种原因明显缺少一部分或由于使用时间长而自然磨损，或因火烧、水浸、虫蛀、鼠咬、霉烂等特殊原因，致使票币损伤。

1. 残损人民币的挑拣标准

（1）票面缺少一块，损及行名、花边、字头、号码、国徽之一者。

（2）票面 1/3 或票面裂口损及花边图案者。

（3）纸质较旧，四周或中间有裂缝或票面断开又粘补者。

（4）票面由于油浸、墨渍造成脏污的面积较大或涂写字迹过多，妨碍票面清洁者。

（5）票面变色严重，影响图案清晰者。

（6）硬币破缺、穿孔、变形及磨损，氧化腐蚀损坏部分花纹者。

2. 残损人民币的兑换

残损人民币的持币人兑换残损人民币时，开户单位可到其开户银行办理，个人可就近到办理人民币存取款业务的金融机构办理。凡不予兑换的残损人民币，持币人应上缴银行，由中国人民银行统一销毁，不能继续流通使用。不论是单位还是个人，如果留有不宜流通的残损人民币，不要再次使用或对外找付，应挑拣、粘补整理好，随时送存银行或办理兑换。

银行在兑换残损人民币时应按照中国人民银行公布的《残缺人民币兑换办法》及《残缺人民币兑换办法内部掌握说明》，根据不同情况给予全额兑换、半额兑换或不予兑换，具体规定如下。

（1）凡残缺人民币属于下列情况之一者，持币人不得再流通使用，但可向银行全额兑换：票面残缺不超过 1/5，其余部分图案、文字能照样连接者；票面污损、熏焦、水湿、油渍、变色，但能辨别真假,票面完整或残缺不超过1/5,票面其余部分的图案、文字能照原样连接者。

(2)凡票面残缺1/5以上至1/2,其余部分的图案文字能照原样连接者,持币人可照原面额向银行半数兑换,但不能再流通使用。

(3)凡残缺人民币属于下列情况之一者不予兑换:票面残缺1/2者;票面污损、熏焦、水湿、油渍、变色,不能辨别真假者;故意挖补、涂改、剪贴、拼凑、揭去一面者。

三、银行卡受理规范

银行卡是集存款、消费、结算、信贷、理财等功能于一体的新型支付工具,目前的银行卡可以分成贷记卡、准贷记卡、借记卡(转账卡、专用卡)和联名卡等。

贷记卡是发卡银行给予持卡人一定的信用额度,持卡人可在信用额度内先消费、后还款的信用卡;准贷记卡是持卡人先按发卡银行要求,交存一定金额的备用金,当备用金账户余额不足支付时,可在发卡银行规定的信用额度内透支的信用卡;借记卡是先存款后消费(或取现),没有透支功能的信用卡,按功能又分为转账卡(含储蓄卡)、专用卡等;联名卡是银行和大型企事业单位、社会团体双方联名发行的银行卡。

由于信用卡有着使用安全、携带方便、购物优惠等诸多优点,因此持银行信用卡消费的顾客越来越多。信用卡一般分为国内信用卡和国际信用卡。我国各银行发行的信用卡多种多样,如长城卡、牡丹卡、建行卡、金穗卡、太平洋卡、东方IC卡、发展卡、广发卡、招行卡、民生卡、华夏卡、光大卡、中信卡、兴业卡、邮政卡等。

(一)信用卡的识别

1. 信用卡的卡面特征与识别

各个银行的信用卡外观应与其他信用卡有显著不同,但主要内容大致相同,每张信用卡应写有年月日、持卡人姓名和有关银行标志。

(1)信用卡正面的各项内容如图2.10所示。

图2.10中的标识:① 发卡机构名称;② 发卡机构标志;③ 信用卡的使用范围;④ 凸印的信用卡卡号及平面印刷的卡号前四位数字;⑤ 信用卡的有效截止日期;⑥ 持卡人性别(部分卡有)、姓名(可以用汉语拼音或英文字母表示);⑦ 信用卡标志:如银联信用卡,红蓝绿三色平行排列,正中印有"银联"字样,上方有激光防伪标识——立体天坛。

(2)信用卡背面的各项内容如图2.11所示。

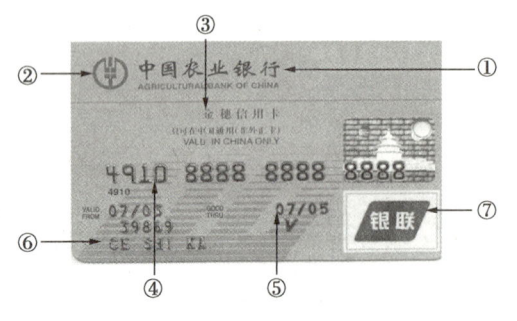

图2.10 信用卡正面

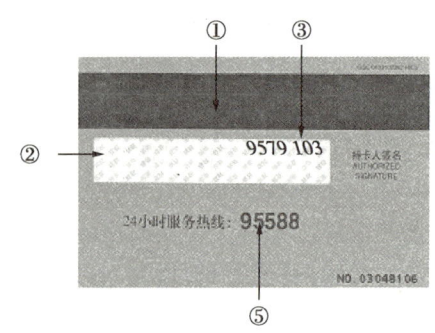

图2.11 信用卡背面

图 2.11 中的标识：① 磁条；② 持卡人签名栏和签名（银联信用卡在签名栏印有统一的"银联"字样）；③ 卡号和卡片校验码；④ 发卡银行重要声明（图 2.11 略）；⑤ 发卡行客户服务或授权服务电话；⑥ 有些彩照信用卡还在卡背面印有持卡人的小幅彩照，作为身份识别的依据（图 2.11 略）。

2. 信用卡和借记卡的区别

（1）在物理构成上的区别。

① 信用卡正面有信用卡标志（含激光防伪标志），借记卡不一定有；

② 信用卡一定有有效期，借记卡不一定有；

③ 信用卡卡号均为凸印，借记卡卡号有平面印刷的，也有凸印的；卡正面有明确的"借记卡"、"储蓄卡"或"提款卡"字样，有"Maestro""CIRRUS""VISA Interlink""VISA Electron"等标志的应视为借记卡。

（2）在受理环节上的区别。

① 信用卡。信用卡只限本人使用，不得出借转让；具有透支功能；可通过银行卡网络联机使用，也可脱机采用手工压卡的方式使用；消费时有的卡使用密码并核对签名；有的不使用密码，只核对签名。

② 借记卡。借记卡只限本人使用，不得出借转让；不允许透支；必须通过银行卡网络联机使用，不可采用手工压卡方式；消费时必须使用密码并核对签名。需要说明的是，有一些特殊的借记卡，如一些商户发行的购物卡、专用卡等，在使用时无须输入密码和签名。

（二）信用卡验卡流程中的风险防范要点

1. 拒绝受理的情况

受理信用卡时如有以下情形应立即拒绝受理。

（1）凸印卡号与平面印刷号码是否一致的检查。看卡正面凸印卡号的前四位数字是否与上方或下方平面印刷的微型四位数字一致；是否有更改痕迹；卡面图案是否清晰等。存在这些问题的卡片应拒绝受理。

（2）持卡人身份的识别。如照片卡与持卡人相貌的核对、持卡人性别是否与卡面凸印的 MS 或 MR 相符等，不相符的信用卡应拒绝受理。

（3）卡面有效期的检查。失效卡应立即拒绝受理。

（4）卡片完好性检查。卡片正反面完整无缺且无涂改或刮伤，也没有打孔、剪角、损毁现象，卡面的凸印号码没有被涂改的痕迹等。如卡片出现这些问题，可以拒绝受理。

（5）卡背签名栏的检查。卡背签名栏没有明显涂改痕迹，也没有"样卡"、"测试卡"或英文"VOID"（无效卡）字样。有这些字样的卡片应拒绝受理。

（6）卡背签名的检查。卡背签名如果是中文，应与卡面凸印的持卡人汉语拼音名相符；卡背签名如果是英文，应与卡面凸印的英文名相符。若明显不符，应立即拒绝受理。

2. 由商户承担的操作疏忽

受理信用卡时如因操作疏忽而导致以下情况发生，发卡行将对相关交易提起拒付，相关损失将由商户承担。

（1）受理卡面凸印卡号的前四位数字与上方或下方平面印刷的微型四位数字明显不一致

的伪卡或假卡。

(2) 受理已过有效期的卡片。

(3) 受理已被打孔、剪角或损毁的废卡，或有明显标记的"样卡"或"测试卡"。

(4) 受理卡背中文签名与卡面凸印的持卡人汉语拼音名明显不相符的卡片。

3. 受理信用卡时应严格核对签名

在受理信用卡的交易过程中，刷卡交易完成，打印出签购单，或手工压印签购单后，收银员应立即请持卡人在签购单上签名，并与卡背的签名进行核对。在核对签名过程中，应注意以下几点。

(1) 鉴于信用卡的使用权不能转让于他人（不论是持卡人之配偶、亲戚或朋友），签购单必须由持卡人本人当面亲自签名予以确认。

(2) 在交易过程中，收银员刷卡完毕后不得将卡片立即交还给持卡人，应一直持有卡片，待核对签名后才能将卡片予以交还。

(3) 如有以下情况发生，发卡行有权对交易进行拒付，相关损失将由商户承担：卡背签名及字迹与签购单上的签名及字迹明显不符的交易；交易签购单上无持卡人签名的交易。

(三) 银行卡收银业务

银行卡在指定的银行刷卡机上或在特邀的商家消费时，银行一般为商家准备的每套销售单包括三联：顾客联、银行联、商家联。

银行卡收银业务的操作程序主要包括收验卡证、刷卡、签单、打单、退卡证等几个环节。受理银行卡付款业务时，应首先审核银行卡，核对身份，确认无误后进行刷卡；刷卡后将银行卡结算清单交给顾客签字，同时打印销售发票或销售清单；最后将卡、证、票一同退给顾客。

四、实训——人民币、银行卡的识别与点验

(一) 实训目的

1. 熟悉钞票整理的要求和钞票捆扎的方法，掌握手按式点钞法和手持式点钞法。
2. 掌握人工鉴别真假人民币的方法，体验第五套人民币的防伪特征，加深记忆。（选做）
3. 了解银行卡的种类及卡面特征，掌握银行卡的识别要点。

(二) 实训要求

1. 用练功券计时练习手按式单指单张、手按式多指多张、手持式单指单张点钞法及捆扎钞票的方法。

(1) 采取散把整点方式，限时 5min。即每个学生发给足够多的练功券，每点完 100 张（一把）应用纱纸条捆扎起来并加盖私章。多指多张在规定时间内点完 4 把（含扎纱纸条、盖私章）为合格，每增加一把加 10 分，点完 8 把得满分；单指单张在规定时间内点完 3 把（含扎纱纸条、盖私章）为合格，每增加一把加 10 分，点完 7 把得满分。点钞实训记分表如表 2.1 所示。

表 2.1　点钞实训记分表

项目（单指单张和多指多张）	班别	学号	姓名	点钞数量	剩余未点数	核查数量	得分

（2）采取不定时方式，学生只点钞 100 张（一把），再用纱纸条捆扎起来并加盖私章，35s 为合格，每减少 2s 加 10 分，25s 为满分。

2. 拿出一张 50 元面额的 2019 年版第五套人民币加以鉴别，并填写表 2.2。

表 2.2　纸币鉴别实训报表

第　　套人民币的防伪特征检验报告	券别：元
防伪特征	检验结果 (请描述特征、位置、形状、检验等)
1. 水印	
2. 纸质	
3. 安全线	
4. 头像	
5. 光变面额数字	
6. 对印图案	
7. 雕刻凹印	
8. 横竖双号码	

3. 收集各银行发行的各种银行卡，辨别其种类并加以识别。

任务三　会计凭证规范训练

一、会计凭证的基本内容和填制要求

会计凭证的基本内容和填制要求如表 2.3 所示。

表 2.3　会计凭证的基本内容和填制要求

项目	原始凭证	记账凭证
基本内容	(1) 凭证的名称及编号 (2) 填制凭证的日期 (3) 接受凭证的单位名称 (4) 经济业务的内容 (5) 经济业务的数量、单价、金额 (6) 填制凭证的单位名称或填制人姓名 (7) 经办人员的签名或盖章	(1) 填制凭证的日期 (2) 凭证编号 (3) 经济业务内容摘要 (4) 经济业务涉及的会计科目、金额 (5) 所附原始凭证张数 (6) 填制凭证人员、稽核人员、记账人员、会计机构负责人员 (7) (会计主管人员) 签名或盖章
填制要求	(1) 真实可靠 (2) 填制及时 (3) 书写清楚 (4) 内容完整 (5) 责任明确 (6) 顺序使用	(1) 依据明确 (2) 内容完整 (3) 书写清楚 (4) 填制及时

二、会计凭证的审核及处理规范

(1) 对于原始凭证，应审核其合法性、真实性、完整性和准确性。对于内容合法、真实、完整、准确的原始凭证，应依次编制记账凭证；对于内容合法但不够完整、准确的原始凭证，应退回补充更正；对于内容完整、准确而不合法的原始凭证，应拒绝办理会计手续。

(2) 对于记账凭证，审核的内容包括：填制依据是否真实，填写项目是否齐全，使用科目是否正确，金额计算是否正确，书写是否清楚。对于符合要求的记账凭证应予登账，不符合要求的不能登账。

三、原始凭证的填制规范

(1) 从外单位取得的原始凭证，必须盖有填制单位的公章；从个人取得的原始凭证，必须有填制人员的签名或盖章。自制原始凭证有经办部门负责人或其指定人员的签名或者盖章；对外开出的原始凭证，必须加盖本单位的公章。所谓"公章"，应是具有法律效力和规定用途，能够证明单位身份和性质的印鉴，如业务公章、财务专用章、发票专用章、收款专用章或结算专用章等。

(2) 凡填有大写和小写金额的原始凭证，大写与小写的金额必须相符。

(3) 购买实物的原始凭证，必须有验收证明。实物购入以后，要按照规定办理验收手续，这有利于明确经济责任，保证账实相符，防止盲目采购，避免物资短缺和流失。实物验收工作

应由有关人员负责办理，会计人员通过有关的原始凭证进行监督检查。需要入库的实物必须填写入库验收单，由仓库保管人员按照采购计划或供货合同验证后，在入库验收单上如实填写实收数额，并签名或盖章。不需要入库的实物，由经办人员在凭证上签名或盖章以后，必须交由实物保管人员或使用人员进行验收，并由实物保管人员或使用人员在凭证上签名或盖章。经过购买人以外的第三者查证核实以后，会计人员才能据以报销付款并做进一步的会计处理。

（4）一式几联的原始凭证，必须注明各联的用途，并且只能以一联作为报销凭证；一式几联的发票和收据，必须用双面复写纸套写，或本身具备复写功能，并连续编号，作废时应加盖"作废"戳记，连同存根一起保存。

（5）发生销货退回及退还货款时，必须填制退货发票，并附有退货验收证明和对方单位的收款收据，不得以退货发票代替收据。如果情况特殊，可先用银行的有关凭证，如汇款回单等作为临时收据，待收到收款单位的收款证明以后，再将其附在原付款凭证之后，作为正式原始凭证。在实际工作中，有的单位发生销货退回时，对收到的退货没有验收证明，造成退货流失，办理退款时，仅以所开出的红字发票的副本作为本单位退款的原始凭证，既不经过对方单位盖章收讫，也不附对方单位的收款收据。这种做法漏洞很大，容易发生舞弊行为，应该予以纠正。

（6）职工公出借款的收据，必须附在记账凭证之后。职工公出借款时，应由本人按照规定填制借款单，由所在单位领导人或其指定的人员审核，并签名或盖章，然后办理借款。借款收据是此项借款业务的原始凭证，是办理有关会计手续、进行相应会计核算的依据。在收回借款时，应当另开收据或者退还借款收据的副本，不得退还原借款收据。因为借款和收回借款虽有联系，但也有区别，在会计上需要分别进行处理，如果将原借款收据退还给借款人，就会损害会计资料的完整性，使其中一项业务的会计处理失去依据。

（7）经上级有关部门批准的经济业务，应当将批准文件作为原始凭证附件。批准文件需要单独归档的，应当在凭证上注明批准机关名称、日期和文件字号。

四、记账凭证的填制规范

（1）正确地选择记账凭证的种类。如果一个单位的经济业务繁杂且收、付款业务较多，可采用专用记账凭证。如果一个单位的经济业务较简单、规模较小，或收、付款业务较少，可采用通用记账凭证。若采用专用记账凭证，对于现金和银行存款之间，以及各种银行存款之间相互划转的收、付款业务，则只填制付款凭证。

（2）除结账和更正错账的记账凭证可以不附原始凭证外，其余记账凭证必须附有原始凭证。

（3）摘要中的文字既要少而精，又要准确表达经济业务的基本内容。

（4）填写会计科目时，应当填写会计科目的全称和二级科目，甚至三级科目，应避免多借多贷使账户对应关系不清。总账科目要写全称，不能简写；明细科目可精简。

（5）要注意正确填写记账凭证的日期，付款凭证一般以财会部门付出现金或开出银行付款结算凭证的日期填写；现金收款凭证应填写收款当日的日期；月末计提、分配费用、成本计算、转账等业务应填写当月最后一天的日期。

（6）记账凭证金额必须与原始凭证金额相符，阿拉伯数字应书写规范。填写金额合计时，应在金额最高位数字前填写人民币符号"￥"。

(7) 记账凭证应按行次逐笔填写，不得跳行或留有空行，留有的空行用斜线或"S"线注销。

(8) 记账凭证应按月编号。如果企业采用通用记账凭证，记账凭证的编号可以采用顺序编号法，即每月都应按经济业务顺序从 1 号开始，统一编号；如果企业采用专用记账凭证，则采用字号编号法。"字"有两种编法，一种分收款、付款和转账三类；另一种分现收、银收、现付、银付和转账五类。"号"的编法也有两种，即一笔或几笔经济业务编制一张记账凭证时，用整数编号法顺序编号；一笔经济业务需在两张以上同类记账凭证上共同反映时，用分数编号法顺序编写，例如一项业务需在两张记账凭证上反映，采用的通用记账凭证序列号为 10 号，则第 1 张记账凭证编号为 $10\frac{1}{2}$ 号，第 2 张记账凭证为 $10\frac{2}{2}$ 号。

(9) 正确计算和填写所附原始凭证的张数。附件张数的计算方法有以下几种。

① 以所有原始凭证的自然张数为准。

② 以所附原始凭证汇总表的张数为准，但需把原始凭证作为原始凭证汇总表的附件张数处理。

③ 对于汽车、火车票等外形较小的原始凭证，可粘贴在"凭证粘贴单"上，并注明张数和金额。

④ 当一张或几张原始凭证涉及几张记账凭证时，可将原始凭证附在一张主要的记账凭证后，并在摘要栏上注明"本凭证附件包括××号记账凭证业务"字样。在其他没有附原始凭证的记账凭证上注明"原始凭证附在××号记账凭证后面"字样。

⑤ 原始凭证的复印件不能作为填制记账凭证的依据。

(10) 记账凭证填制完成后，相关人员应分别签名或盖章。

五、会计凭证的传递流程

会计凭证的传递流程如图 2.12 所示。

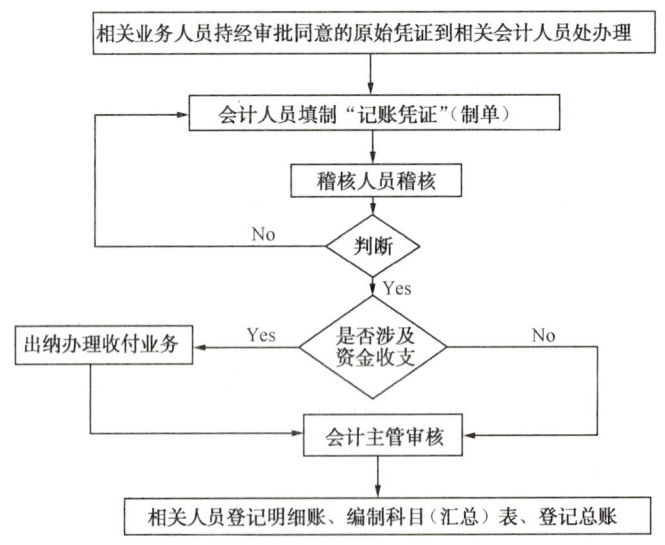

图 2.12　会计凭证的传递流程

六、原始凭证的填制范例

(一) 支票

支票是企业经常使用的经济凭证。当企业因购买商品、接受服务或其他事项而签发票据，委托开户银行在见票时无条件支付确定金额给收款人或持票人时，需要签发支票。支票由企业的出纳人员负责填写，必须使用钢笔或签字笔，用碳素墨水或蓝黑墨水，按支票簿排定的页数顺序填写，按编号顺序使用。

支票的基本联次为两联，即支票存根和支票正联。除"付款行名称"、"出票人账号"和银行会计分录由银行使用不必填写外，其他各栏必须填写清楚，并加盖预留在银行的印鉴。

支票签发完毕，应当进行复核，以防差错，然后将支票的正联作为支付凭证交付收款人，存根联连同购货发票一起作为编制记账凭证的原始凭证。企业若收到支票，在送存银行之前，应在支票背面背书填写有关内容，加盖预留在银行的印鉴，注明背书日期后办理进账手续。

支票上印有"转账"字样的为转账支票，转账支票只能用于转账；支票上印有"现金"字样的为现金支票，现金支票只能用于支取现金。

1. 转账支票

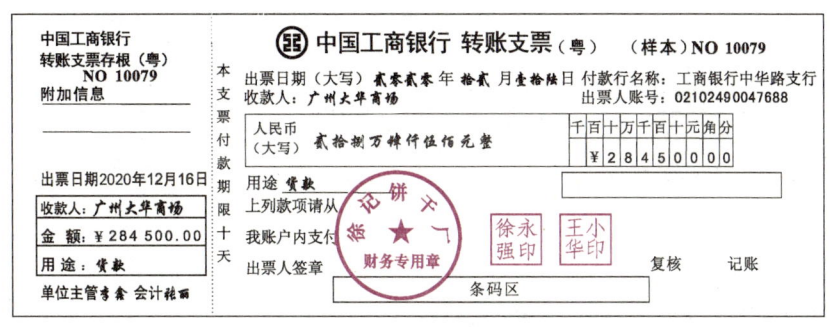

支票背面（正联部分）

2. 现金支票

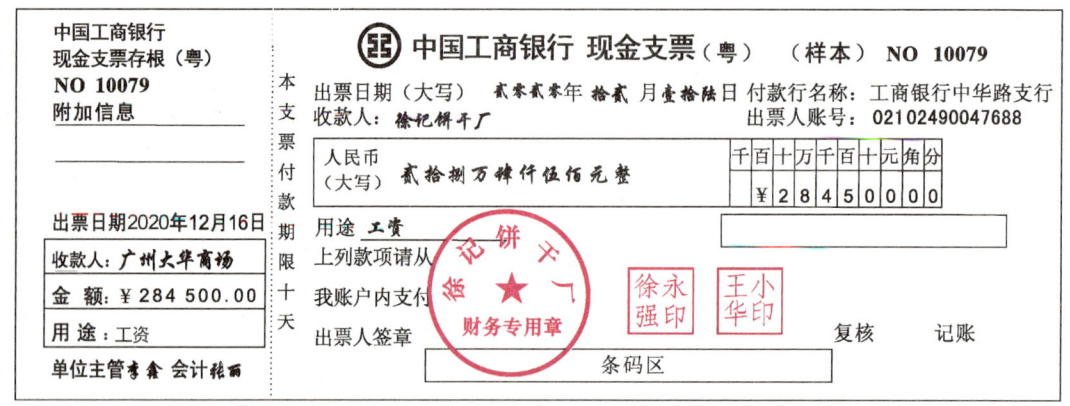

支票背面（正联部分）

注意：支票正面右半部分为支票正联，应送交银行；左半部分为支票存根，作为付款记账的原始凭证；支票背面用于跨行存款或提现的背书记载。

（二）进账单

进账单是企业向开户银行送交从外单位取得的支票、银行本票、银行汇票、到期的商业汇票等票据办理银行存款收入业务时填制的单证，由在银行开立存款账户单位的财会人员负责填写。进账单的基本联次为两联，第一联为回单或收账通知，经开户银行审核，加盖银行印章后交还收款人，作为记账依据；第二联为收款人开户银行贷方收入凭证。全部联次用双面复写纸一次套写完成。进账单填制完毕，应对进账单及其相关票据进行复核，以防出错。然后将进账单连同转账支票正联等相关票据提交开户银行受理，银行收款后在回单或收款人通知联上加盖"已受理"或"转讫"章，退给企业。

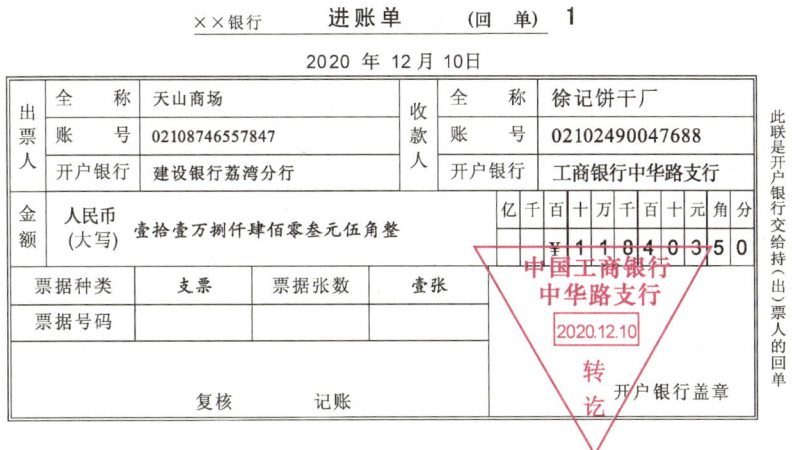

(三) 现金缴款单

当企业向开户银行送交现金，办理银行存款收入业务时应当填写现金缴款单。现金缴款单由企业的财会人员负责填写，基本联次为三联，第一联为回单联，由银行受理后退回企业，是企业据以编制记账凭证的原始凭证。全部联次用双面复写纸一次套写完成。现金缴款单填制完毕，应对现金缴款单及其相关票据、现金数量进行复核，以防出错。然后将审核无误的现金缴款单等提交开户银行办理进账。

(四) 借款单

借款单是由借款人填写，经由借款单位（或有关部门）领导人批准后送交财会部门办理借款的单据，一般一式多联，也有单联的借款单。财会部门对借款单进行审核后加盖财务专用章，准予借款，凭记账联作为入账依据，并支付现金，或开现金支票由借款人去银行提取现金。

借款单					
2020 年 12 月 16 日					
借款人	李文义	部门	厂部	职务	质管员
借款事由	参加质量鉴定会议交差旅费				
借款金额	人民币（大写）伍仟元整			￥5 000.00	
核　准	李鑫		经手人	李文义	

（五）收据

当企业因相关业务而收取租金、押金、罚金赔款，以及收到投资方的投资款时需要开具收据。收据由企业的出纳人员负责填写，按编号顺序使用，基本联次为三联或多联，第一联为存根联，第二联为收据（报销）联，第三联为记账联，全部联次一次套写完成，并加盖单位财务专用章和收款人名章。收据开具完毕，应进行复核，以防差错。然后将收据的第一联保留在收据本上，以备查询；撕下收据的其他各联，第二联交付交款单位或个人收执，第三联留作编制记账凭证的依据。

（六）增值税专用发票

增值税专用发票是指当一般纳税人企业因销售商品、提供应税劳务而收取款项时，必须向付款方开具的发票。增值税发票一律用计算机开具，一般由企业的业务人员或财会人员负责填写，按编号顺序打印使用，基本联次三联：记账联、抵扣联、发票联。企业采购时以发票联作为原始凭证，抵扣联单独保管据以向税务机关抵扣税款；企业销售时以记账联作为原始凭证。

4400000000	广东增值税专用发票					№ 14605XXX			
	此联不作报销、抵税凭证使用								
						开票日期：2020 年 12 月 7 日			

购买方	名　　　称	大华食品厂			密码区	（略）			
	纳税人识别号	440005324005876							
	地　址、电话	广州市中山五路 354 号　020-81276536							
	开户行及账号	工商银行沿江办支行 430023							

货物或应税劳务、服务名称	规格型号	单位	数量	单价	金额	税率	税额
白糖		千克	1525	4.20	6405.00	13%	832.65
合　　　计					¥6405.00		¥832.65
价税合计（大写）	⊗柒仟贰佰叁拾柒圆陆角伍分				（小写）¥7237.65		

销售方	名　　　称	荔新食品站	备注	
	纳税人识别号	44000514034536		
	地　址、电话	广州市解放北路 252 号　020-81276538		
	开户行及账号	工商银行解放路支行 021-3563241		

收款人：李文奇　　　复核：张华　　　开票人：陈小娟　　　销售方：（章）

第一联：记账联　销售方记账凭证

4400000000	广东增值税专用发票					№ 14605XXX			
	抵扣联								
						开票日期：2020 年 12 月 7 日			

购买方	名　　　称	大华食品厂			密码区	（略）			
	纳税人识别号	440005324005876							
	地　址、电话	广州市中山五路 354 号　020-81276536							
	开户行及账号	工商银行沿江办支行 430023							

货物或应税劳务、服务名称	规格型号	单位	数量	单价	金额	税率	税额
白糖		千克	1525	4.20	6405.00	13%	832.65
合　　　计					¥6405.00		¥832.65
价税合计（大写）	⊗柒仟贰佰叁拾柒圆陆角伍分				（小写）¥7237.65		

销售方	名　　　称	荔新食品站	备注	
	纳税人识别号	44000514034536		
	地　址、电话	广州市解放北路 252 号　020-81276538		
	开户行及账号	工商银行解放路支行 021-3563241		

收款人：李文奇　　　复核：张华　　　开票人：陈小娟　　　销售方：（章）

第二联：抵扣联　购买方扣税凭证

购买方	名　　称：大华食品厂 纳税人识别号：440005324005876 地　址、电话：广州市中山五路354号　020-81276536 开户行及账号：工商银行沿江办支行 430023	密码区	（略）		
货物或应税劳务、服务名称	规格型号	单位	数量	单价	金额	税率	税额
白糖		千克	1525	4.20	6405.00	13%	832.65
合　　　计					¥6405.00		¥832.65

广东增值税专用发票　№ 14605XXX
发票联
开票日期：2020年12月7日

价税合计（大写）　⊗柒仟贰佰叁拾柒圆陆角伍分　（小写）¥7237.65

| 销售方 | 名　　称：荔新食品站
纳税人识别号：44000514034536
地　址、电话：广州市解放北路252号　020-81276538
开户行及账号：工商银行解放路支行 021-3563241 | 备注 | （荔新食品站发票专用章） |

收款人：李文奇　　复核：张华　　开票人：陈小娟　　销售方：（章）

第三联：发票联　购买方记账凭证

（七）普通发票

普通发票是指当小规模纳税人企业向个人销售商品、提供服务，以及从事其他经营活动收取款项时，向付款方开具的发票，一般由企业的出纳人员负责填写，按编号顺序使用，基本联次三联：存根联、发票（报销）联、记账联，并加盖财务专用章或发票专用章。

（八）领（收）料单

收料单是企业自制的，记录外购材料验收入库情况的一种原始凭证，一般由采购部门业务人员根据销货单位发票和提货通知等凭证填写。收料单基本联次为三联或多联，第一联为存根联，第二联为仓库记账联，第三联为会计记账联。

领料单是企业自制的，记录仓库储存材料领用出库情况的一种原始凭证，一般由领料部门按规定填写有关内容及申领数量，并送交仓库，仓库对其进行审核后发料（实发数量）。领料单基本联次为三联或多联，有一单一料、一单多料和限额领料单等多种格式。

限额领料单由生产计划部门根据生产计划任务、材料消耗定额，分别进行产品计算，填写全月领料限额数量，领料部门在月内持单向仓库领料，双方及时核对领发数量及余额，月末计算本月实领数量及其余额，可作为财会、统计核算的依据。

领 料 单

领料单位：机加工车间　　2020年12月15日　　1号仓库发料第011号

用途：生产普通车床								
材料类别	材料编号	材料名称	材料规格	计量单位	数量		单价（元）	金额（元）
					请领	实发		
型钢	0610	方钢	φ60	千克	7 000	7 000	6.48	45 360
备注								

主管 ×××　　　　记账 ×××　　　发料人 ×××　　　领料人 ×××

七、记账凭证的填制范例

（一）收款凭证

收 款 凭 证

借方科目：银行存款　　　　2020 年 12 月 5 日　　　　银收字第 19 号

摘　要	贷方科目		金　额										记账
	总账科目	明细科目	亿	千	百	十	万	千	百	十	元	角	分	
														√
向华光工厂销售产品	主营业务收入	甲产品					6	0	0	0	0	0	0	√
	主营业务收入	乙产品					2	0	0	0	0	0	0	√
	应交税费	应交增值税（销项税额）				1	3	6	0	0	0	0	0	√
附件 2 张	合　　　计			¥	9	3	6	0	0	0	0	0	√

会计主管：李鑫　　记账：张丽　　出纳：王小华　　审核：李鑫　　制证：张丽

注意：收款凭证一般用红色线条套印，记账栏内打√表示已登记入账。

（二）付款凭证

付 款 凭 证

贷方科目：库存现金　　　　2020 年 12 月 10 日　　　　现付字第 25 号

摘　要	借方科目		金　额	记账
	总账科目	明细科目	亿千百十万千百十元角分	√
将现金存入银行	银行存款		8 0 0 0 0	√
附件 1 张	合　　　计		￥ 8 0 0 0 0	√

会计主管：李鑫　　记账：张丽　　出纳：王小华　　审核：李鑫　　制证：张丽

注意：付款凭证一般用蓝色线条套印。

（三）转账凭证

转 账 凭 证

2020 年 12 月 20 日　　　　转字第 3 号

摘　要	会计科目		借方金额	贷方金额	记账
	总账科目	明细科目	亿千百十万千百十元角分	亿千百十万千百十元角分	√
计提折旧	制造费用		2 4 0 0 0 0		
	管理费用		6 0 0 0 0		
	累计折旧			3 0 0 0 0 0	
附件 1 张	合　　　计		￥ 3 0 0 0 0 0	￥ 3 0 0 0 0 0	

会计主管：李鑫　　记账：张丽　　出纳：王小华　　审核：李鑫　　制证：张丽

注意：转账凭证一般用黑色线条套印。

（四）通用记账凭证

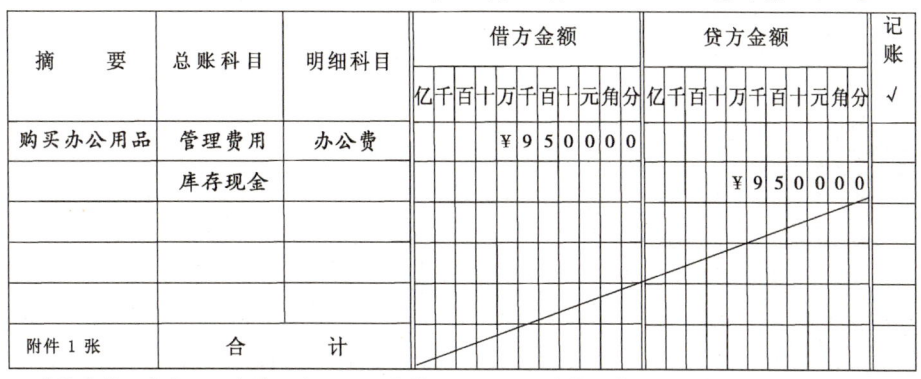

摘 要	总账科目	明细科目	借方金额 亿千百十万千百十元角分	贷方金额 亿千百十万千百十元角分	记账
					√
购买办公用品	管理费用	办公费	￥9 5 0 0 0 0		
	库存现金			￥9 5 0 0 0 0	
附件1张	合　　计				

会计主管：李鑫　　记账：张丽　　出纳：王小华　　审核：李鑫　　制证：张丽

注意：通用记账凭证一般用绿色线条套印，其填制方法同转账凭证。

八、实训——会计凭证的填制与审核

（一）实训目的

通过实训，明确原始凭证、记账凭证应具备的基本要素，掌握原始凭证的填制和审核的基本操作技能，以及根据原始凭证填制和审核记账凭证的基本操作技能。

（二）实训资料

2020年2月3日，洪发公司从恒盛工厂购进A材料一批，共计600千克，单价20元，共计12 000元，增值税税率为13%，以支票付讫，材料由王力达验收。

销货单位开户行：中行石井支行，账号：02002490047688，地址、电话：广州市广花一路233号020-26725421，纳税人识别号：440001250573869，收款人：李红，复核：张丽，开票：王文京，法人代表：陈文。

购货单位开户行：工行罗冲围营业所，账号：155376742，地址、电话：广州市增槎路333号020-81376423，纳税人识别号：440001257632431，会计主管：王方，会计：张华，出纳：赵伟，法人代表：林明。

4400000000　　广东增值税专用发票　　№ 14605XXX

此联不作报销、扣税凭证使用

开票日期：

购买方	名　　　称：					密码区	（略）		
	纳税人识别号：								
	地　址、电　话：								
	开户行及账号：								

货物或应税劳务、服务名称	规格型号	单位	数量	单价	金额	税率	税额
合　　　计							

价税合计（大写）	（小写）

销售方	名　　　称：	备注
	纳税人识别号：	
	地　址、电　话：	
	开户行及账号：	

收款人：　　　　　复核：　　　　　开票人：　　　　　销售方：（章）

第一联：记账联　销售方记账凭证

4400000000　　广东增值税专用发票　　№ 14605XXX

抵 扣 联

开票日期：

购买方	名　　　称：	密码区	（略）
	纳税人识别号：		
	地　址、电　话：		
	开户行及账号：		

货物或应税劳务、服务名称	规格型号	单位	数量	单价	金额	税率	税额
合　　　计							

价税合计（大写）	（小写）

销售方	名　　　称：	备注
	纳税人识别号：	
	地　址、电　话：	
	开户行及账号：	

收款人：　　　　　复核：　　　　　开票人：　　　　　销售方：（章）

第二联：抵扣联　购买方扣税凭证

广东增值税专用发票

4400000000　　　　　　　　　　　　　　№ 14605XXX

发票联

		开票日期:	
购买方	名　　称: 纳税人识别号: 地　址、电　话: 开户行及账号:	密码区	

货物或应税劳务、服务名称	规格型号	单位	数量	单价	金额	税率	税额
合　　计							

价税合计（大写）	（小写）

销售方	名　　称: 纳税人识别号: 地　址、电　话: 开户行及账号:	备注

收款人：　　　　复核：　　　　开票人：　　　　销售方：（章）

第三联：发票联 购买方记账凭证

中国工商银行（粤）
支票存根
XVI0013698018
附加信息＿＿＿＿＿＿
＿＿＿＿＿＿＿＿＿＿
出票日期　年　月　日
收款人：
金　额：
用　途：
单位主管　　会计

本支票付款期限十天

中国工商银行支票（粤）　XVI0013698018
出票日期(大写)　　年　月　日　付款行名称：
收款人：　　　　　　　　　　出票人账号：
人民币　　　　　亿千百十万千百十元角分
(大写)
用途＿＿＿＿＿
上列款项请从
我账户内支付
出票人签章　　　复核　　　记账
条码区

支票背面（正联部分）

附加信息：	被背书人
身份证名称：　　发证机关：	（粘贴单处）
号码 □□□□□□□□□□□□□□□□□□	背书人签章 年　月　日

中国工商银行进账单(回单)　　1

年　月　日

出票人	全　称		收款人	全　称	
	账　号			账　号	
	开户银行			开户银行	

金额	人民币（大写）	亿 千 百 十 万 千 百 十 元 角 分

票据种类		票据张数	
票据号码			

复核　　　记账　　　　　　　　　开户银行盖章

此联是开户银行交给持（出）票人的回单

收　料　单（财会联）　　　　　　No. 700213

供货单位：　　　　　　　　　　　　　　　　年　月　日

材料名称及规格	单位	单价	应收数量	金　额	实收数量	金　额

验收：　　　　　　　　　　　　　　　制单：

收　款　凭　证

借方科目：　　　　　　年　月　日　　　　字第　号

摘　要	贷方科目		金　额	记账 √
	总账科目	明细科目	亿 千 百 十 万 千 百 十 元 角 分	
附件　　张	合　　计			

会计主管：　　　记账：　　　出纳：　　　审核：　　　制证：

付 款 凭 证

贷方科目：　　　　　　　　　　年　月　日　　　　　　　　字第　号

摘　要	借方科目		金　额										记账
	总账科目	明细科目	亿	千	百	十	万	千	百	十	元	角	分	√
附件　张	合　　　计												

会计主管：　　　　记账：　　　　出纳：　　　　审核：　　　　制证：

转 账 凭 证

年　月　日　　　　　　　　字第　号

摘　要	会计科目		借方金额										贷方金额										记账
	总账科目	明细科目	亿	千	百	十	万	千	百	十	元	角	分	亿	千	百	十	万	千	百	十	元	角	分	√
附件　张	合　　　计																						

会计主管：　　　　记账：　　　　审核：　　　　制证：

（三）实训要求

1. 根据以上资料，填制原始凭证并签章。

2. 对原始凭证的内容及填写情况进行审核。检查各项目是否符合有关财经法规、会计制度的规定，以及填写是否完整，计算是否准确，手续是否完备。

3. 针对不同的会计主体——洪发公司和恒盛工厂，根据上述原始凭证填制专用记账凭证，并对填制完成的记账凭证的内容及填写情况进行审核。

任务四　会计账簿规范训练

一、会计账簿的处理流程

会计账簿的处理流程如图 2.13 所示。

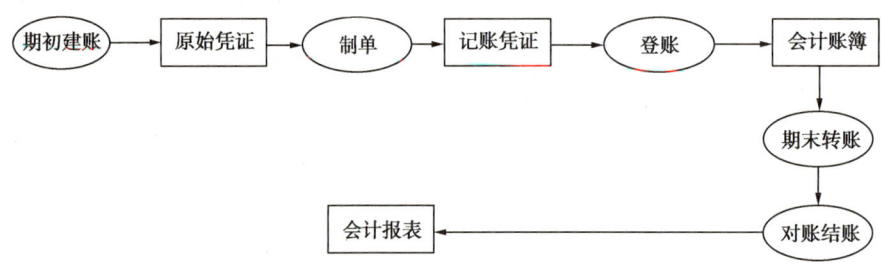

图 2.13　会计账簿的处理流程

二、会计账簿的设置规范

设置会计账簿时需要根据企业的经营规模、业务特点、机构和人员分工、会计核算手段等综合因素，先选择并设置会计科目、选择并确定企业的会计核算程序，再合理选择并设置会计账簿的种类、外表形式、账页格式等。会计账簿的设置如表 2.4 所示。

表 2.4　会计账簿的设置

账簿种类	账簿外表形式	账页的格式
日记账	必须采用订本式账簿	（1）一般采用三栏式 （2）也可以采用多栏式
总账	一般采用订本式账簿	采用三栏式
明细账	可以有多种形式：订本式、活页式、卡片式	（1）三栏式，如应收账款明细账 （2）数量金额式，如材料明细账 （3）多栏式，如生产成本明细账 （4）横线登记式，如其他应收款明细账
备查账	没有统一的格式	

（一）启用账簿

启用账簿包括账簿封面、账簿扉页（账簿启用表）和账户目录的填写。

1. 账簿封面的填写

在账簿封面上写明单位名称和账簿名称。

2. 账簿扉页（账簿启用表）的填写

为了保证会计账簿记录的合法性和资料的完整性，明确记账责任，会计人员在启用账簿时，要填写账簿启用表（经管人员一览表），内容包括单位名称、账簿名称、账簿页数、启用日期、记账人员和会计机构负责人、会计主管人员姓名，并加盖名章和公章。会计主管人员调动工作时，应当注明交接日期、接办人员和监交人员姓名，并由交接双方签名或者盖章。

账簿启用表的填写要求如下。

（1）填写启用日期和启用账簿的起止页数。如启用的是订本式账簿，起止页数已经印好无须再填；若启用活页式账簿，起止页数可等到装订成册时再填。

（2）填写记账人员姓名和会计主管人员姓名并加盖印章，以示慎重和负责。

（3）加盖单位财务公章，以示严肃。

（4）当记账人员或会计主管人员工作变动时，应办好账簿移交手续，并在启用表上明确记录交接日期及接办人、监交人的姓名，并加盖公章。

（5）粘贴印花税票。

① 粘贴印花税票的账簿，印花税票一律粘在账簿扉页启用表的右上角，并在印花税票中间画两条出头的横线，以示注销。

② 使用缴款书缴纳印花税，在账簿启用表扉页的左上角注明缴款金额。缴款书作为记账凭证的原始凭证登记入账。

3. 账户目录的填写

在账户目录上写明会计科目代码、会计科目名称和总页码。总分类账户的名称和代码按财政部统一规定填写，明细分类账户的名称和代码根据各企业的明细核算要求进行设置后填写，通常按资产负债表的顺序填写，并根据需要预留空页，同时在目录表上标明各账页的页码。

（二）设置账簿

设置账簿又称建账或开账，通常在初开业或年度初始时进行此项操作，具体包括以下三个步骤。

1. 开设账页

在账页眉线上的有关位置注明账户名称。

2. 录入期初余额

在各账户第一页的第一行余额栏抄记上年余额，在"借或贷"栏注明"借"或"贷"字样，在日期栏填写该年1月1日，摘要栏注明"上年结转"字样。

3. 试算平衡

（1）总账←→总账：将设置完成的各总分类账户的期初余额写入总分类账户本期发生额和余额试算平衡表的期初余额栏，结出借方合计和贷方合计，试算平衡后，在各总分类账户的核对号处打"√"。

（2）总账←→明细账：将各总分类账户的余额与其所属的各明细账户或日记账户的余额之和进行核对，核对无误后，在各明细账户或日记账户的核对号处打"√"。

一般来说，总账、日记账和多数明细账应每年更换一次。但有些财产物资明细账和债权债务明细账,由于材料品种、规格和往来单位较多,更换新账重抄一遍工作量较大,因此,可以跨年度使用,不必每年度更换一次。另外,各种备查簿也可以连续使用。

三、会计账簿的登记规范

(一)账簿登记方法

账簿登记方法如表2.5所示。

表2.5 账簿登记方法

账簿种类		账簿登记方法
日记账	现金日记账	由出纳员根据现金的收款凭证和付款凭证或提取现金业务的银行存款付款凭证,按照经济业务发生顺序逐日逐笔进行登记
	银行存款日记账	由出纳员根据银行存款的收款凭证和付款凭证或将现金送存银行业务的现金付款凭证,按照经济业务发生顺序逐日逐笔进行登记
分类账	总账	既可以直接根据记账凭证逐笔登记,也可以通过一定的汇总方式,定期或分次汇总登记。一般来说要按照单位所采用的会计核算形式及时登记
	明细账	根据原始凭证、原始凭证汇总表和记账凭证每天进行登记,也可以定期登记
备查账		一般没有固定的格式,各单位可以根据实际管理需要设计相应的项目内容。备查账的记录不列入本单位的会计报告。

(二)账簿登记规则

1. 账簿要根据审核无误的会计凭证登记,登记时,要对准一级科目及明细科目,将会计凭证日期、种类、编号、摘要、借贷金额等有关资料一一记入账内,谨防串户、反向或看错、写错数字。

2. 登记账簿时,书写的文字要清晰,数字要规范,文字和数字上面要留适当空距,不要写满格,一般占上下格宽的1/2。除按规定可以使用红墨水笔记账以外,记账时必须使用蓝色或黑色墨水笔书写,不得使用铅笔或圆珠笔(按规定需复写的除外)书写。

3. 在日期栏中,应指明经济业务发生的年、月、日,通常年、月只在每页账页的顶端及年、月有变动的地方重新书写。日期栏根据记账凭证上填列的日期登记。下一行与上一行的日期相同的,既不得空置不填,也不得以"…"符号简略。

4. 摘要栏一般根据记账凭证的摘要内容填写,应简洁明了,通俗易懂。

5. 每张记账凭证登记完毕后,记账人员要在记账凭证上签章,并注明已登账的符号(打"√"或注明记入账簿的页次)。

6. 账页应事先编号,记账时应逐页、逐行顺序进行,不得隔页和跳行。如发生跳行、空页时,将空行的金额栏用斜线注销或注明"此行空白",将空页用红线对角("×")画掉注销并注明"此页空白",记账人员应签名或盖章(章盖在"×"交叉点处)。

7. 需结出余额的账户，结出余额方向的"借或贷"栏注明"借"或"贷"字样，余额为零的账户应在余额方向栏注明"平"字样，并在余额栏用平衡符号"Q"表示。一页账页记满时，应在最末一行摘要栏注明"过次页"，加计本页发生额总数，并结出余额，在次页第一行注明"承前页"，登记上页最末一行的发生额总数和余额。

8. 登记银行存款日记账时，除了年、月、日、摘要、凭证号码之外，还需在特定栏内注明原始凭证的种类和号码，以满足与银行对账的需要。

9. 账簿记录发生错误时，应根据错账的具体情况，按规定的方法进行更正，不得涂改、挖补、刮擦或用退色药水消除字迹。

《会计基础工作规范》对登记会计账簿的有关规定，除特别指出的外，主要适用于手工记账。实行会计电算化的单位，登记会计账簿还应当符合财政部门关于会计电算化的有关规定。

（三）对账

对账是指定期将账簿记录和会计凭证核对，各种账簿之间的数字核对，账簿记录和库存实物、货币资金、有价证券、往来单位或个人核对。核对无误后在相应记录的核对栏中打"√"。

对账的主要内容包括账证核对、账账核对、账实核对。

（四）错账更正

对账发现差错，必须查明错误原因，进行更正。

1. 查找错账的方法

在记账过程中可能发生各种各样的差错而产生错账，如重记、漏记、数字错位、数字颠倒、数字记错、科目记错、借贷方向记反等，一般来说，财会人员应根据错账类型和数量，结合记账经验，选择不同的查找方法。

如果错账是因凭证有误导致的，且若干错误混在一起，宜采用普查法进行全面检查，逐笔核对；如果平时加强复核，错误不多，可采用抽查法进行重点检查；如果先发现账簿记录有误，要寻找造成错误的原因，可采用逆查法；如果先发现凭证有错，要查明由此引起的连锁影响，宜采用顺查法。在具体的查找过程中，还要注意各种方法的配合使用。

（1）差数法。差数法是按照错账的差数查找错账的方法。例如，在记账过程中只登记了会计分录的借方或贷方，漏记了另一方，从而造成试算平衡中借方合计与贷方合计不等。其表现形式是借方金额遗漏，会使该金额在贷方超出；贷方金额遗漏，会使该金额在借方超出。对于这样的差错，可由会计人员通过回忆和与相关金额进行记账核对来查找。

（2）尾数法。对于发生的角、分的差错可以只查找小数部分，以提高查错的效率。

（3）除2法。除2法是指以差数除以2来查找错账的方法。当某个借方金额错记入贷方（或相反）时，出现错账的差数表现为错误的2倍，将此差数除以2，得出的商就是反向的金额。

（4）除9法。除9法是指以差数除以9来查找错数的方法。这种方法适用于以下三种情况。

① 将数字写小。如将400写为40，错误数字小于正确数字9倍。

查找的方法：以差数除以9后得出的商为写错的数字，商乘以10为正确的数字，上例的差数为360（400-40），除以9后所得的商40为错数，扩大10倍后即可得出正确的数字400。

② 将数字写大。如将50写为500，错误数字大于正确数字9倍。

查找的方法：以差数除以9后得出的商为正确数字，商乘以10后所得的积为错误数字。上例的差数为450（500-50），除以9后所得的商50为正确数字，50乘以10（500）为错误数字。

③ 邻数颠倒。如将78写为87，将96写为69等。颠倒的两个数字之差最小为1，最大为8（9-1）。

查找的方法：将差数除以9，得出的商连续加11，直到找出颠倒的数字为止。如将78记为87，其差数为9，则将差数除以9得1，连加11后可能的结果为12、23、34、45、56、67、78、89。

2. 更正错账的方法

错账更正的方法有三种：划线更正法、红字更正法、补充登记法。它们的使用条件和具体操作如表2.6所示。

表2.6 错账更正方法

项目	划线更正法	红字更正法、补充登记法		
适用条件	记账凭证正确，登记账簿时发生文字或数字错误	由于记账凭证错误而使账簿记录发生错误		
		（1）会计科目错或借贷方向错	（2）金额错，所记金额＞应记金额	（3）金额错，所记金额＜应记金额
更正方法	（1）在错误的文字或数字（全部）上划红线注销 （2）在红线上方用蓝字填写正确的文字或数字 （3）记账人员在更正处盖章	（1）用红字填制一张与错误凭证内容完全相同的记账凭证，并据以登记入账 （2）再用蓝字填制一张正确的记账凭证，据以入账	将多记金额用红字填制一张与原凭证相同的记账凭证，并据以登记入账	将少记金额用蓝字填制一张与原凭证相同的记账凭证，并据以登记入账

在会计实务中，财会人员还经常采用原证更正法，即根据原来正确的记账凭证，更正记账或结算余额错误的方法。若记账凭证正确，汇总凭证也正确，登记明细账时发生差错，账已经记了许多笔，余额也跟着结错，对账时才发现，则不宜采用划线更正法，那样账簿上将改正许多处，出现许多红线；也不宜采用红字更正法或补充更正法，那样将影响汇总记账凭证和总账的记录。可行的办法是采用原证更正法，即在原记账凭证摘要栏说明记账错误情况，并以原记账凭证为依据，在该明细账上将差额补记一笔，使用原凭证编号，并摘要说明。如果属于多记，差额应用红字，表示冲销。账簿余额结错，连续多笔，不宜采用划线更正法时，也可采用原证更正法。

（五）结账

结账是指在将本期内所发生的经济业务全部登记入账的基础上，按照规定的方法对该期内的账簿记录进行小结，结算出本期发生额合计和余额，并将其余额结转下期或者转入新账。

结账可分为月度结账、季度结账、年度结账。

1. 月度结账

月份终了时，在每个账户的最后一笔经济业务下面一行从摘要栏开始至余额分位止画一条红线（称为"计算线"），将本月的借方发生额合计、贷方发生额合计及余额分别写在红线下面，并在摘要栏写明"本月合计"或"本月发生额及余额"字样，然后在下面由日期栏开始画一条通栏红线（称为"终结线"）以示终结。

对于损益类账户，应在月度结账记录下一行摘要栏内注明"本年累计发生额"字样，并结出本年累计借方发生额和贷方发生额，然后在下面画"终结线"。该行的余额栏不填写。

对于其他账户，应在月度结账记录下一行摘要栏内注明"本年累计发生额及余额"字样，并结出本年累计借方发生额和贷方发生额及余额，然后在下面画"终结线"。

2. 季度结账

季度终了时，在每个账户中结出全季发生额合计及季末余额，并在摘要栏写明"本季季结"字样，然后在下面画"终结线"。

对于损益类账户，应在季度结账记录下一行摘要栏内注明"本年累计发生额"字样，并结出本年累计借方发生额和贷方发生额，然后在下面画"终结线"，该行的余额栏不填写。

对于其他账户，应在季度结账记录下一行摘要栏内注明"本年累计发生额及余额"字样，并结出本年累计借方发生额和贷方发生额及余额，然后在下面画"终结线"。

3. 年度结账

（1）损益类账户。应在第四季度结账记录下一行的摘要栏内注明"本年累计"字样，并结出全年累计借方发生额和贷方发生额，然后在下面由日期栏开始画两条通栏红线（称为"封账线"）以示封账，该行的余额栏不填写。

（2）其他账户。首先在第四季度结账记录的下一行摘要栏内注明"本年累计"字样，结出全年发生额和年末余额，并在下面画"封账线"。

年末有余额的账户要在下一行的摘要栏内注明"结转下年"字样，并在下一会计年度新账的第一行余额栏内填写上年结转的余额，在摘要栏内注明"上年结转"字样。

结账时，应当根据不同的账户记录，分别采用不同的方法。

第一，对不需要按月结计本期发生额的账户，如各项应收应付款明细账和各项财产物资明细账等，每次记账以后，都要随时结出余额，每月最后一笔余额即月末余额。也就是说，月末余额就是本月最后一笔经济业务记录的同一行内的余额。月末结账时，只需要在最后一笔经济业务记录之下画"终结线"，不需要再结计一次余额。画线的目的，是突出有关数字，表示本期的会计记录已经截止或者结束，并将本期与下期的记录明显分开。

第二，现金、银行存款日记账和需要按月结计发生额的收入、费用等明细账，每月结账时，要在最后一笔经济业务记录下面通栏画"计算线"，结出本月发生额和余额，在摘要栏内注明"本月合计"字样，在下面再画"终结线"。

第三，需要结计本年累计发生额的明细账户，每月结账时，应在"本月合计"行下结出自年初起至本月末止的累计数额，登记在月份发生额下面，在摘要栏内注明"本年累计"字样，并在下面画"终结线"。12月月末的"本年累计"就是全年累计发生额，在全年累计发生额下画"封账线"。

第四，总账账户平时只需结出月末余额。年终结账时，为了总括反映全年各项资金运动情况的全貌，核对账目，要将所有总账账户结出全年发生额和年末余额，在摘要栏内注明"本年合计"字样，并在合计数下画"封账线"。采用棋盘总账和科目汇总表替代总账的单位，年终结账时，应当汇编一张全年合计科目汇总表和棋盘式总账。

四、会计账簿的登记范例

1. 账簿启用表（经管人员一览表）。

单位名称	徐记饼干厂		全宗号	
账簿名称	总分类账		目录号	
账簿页数	第1页起至至100页止 共35页		案宗号	
			盒 号	
使用日期	自2021年1月1日 至2021年12月31日		保管期限	15年
单位领导人签 章	徐永强印		会计主管人员签 章	李鑫
经管人员职 别	姓名	接管日期	签章	移交日期	签章
会计主管	李鑫	2021年1月1日	李鑫	年 月 日	
		年 月 日		年 月 日	

2. 日记账包括现金日记账和银行存款日记账，应逐日逐笔登记，每天必须结出账面余额，月末结计发生额和余额。

库 存 现 金 日 记 账

第1页

2021年		凭证字号	摘要	对方科目	票号	借方 万千百十元角分	贷方 万千百十元角分	借或贷	余额 万千百十元角分
月	日								
12	1		期初余额					借	3 2 8 0 0 0
	4	现付1	预支差旅费	其他应收款			1 5 0 0 0 0	借	1 7 8 0 0 0
	10	银付1	提现	银行存款		6 3 0 0 0 0 0		借	
	10	现付2	发放工资	应付职工薪酬			6 3 0 0 0 0 0	借	
	10	现付3	买办公文具	管理费用			8 0 0 0 0	借	9 8 0 0 0
	12	银付2	提现	银行存款		1 5 0 0 0 0		借	2 4 8 0 0 0
	14	现付4	订正4月10日现付3凭证	管理费用			6 2 0 0 0	借	3 1 0 0 0 0
	15	现收1	报销余额退回	其他应收款		2 3 5 0 0		借	3 3 3 5 0 0
			过次页			6 4 7 3 5 0 0	6 4 6 8 0 0 0	借	3 3 3 5 0 0

库存现金日记账

第2页

2021年		凭证字号	摘要	对方科目	票号	借方 万千百十元角分	贷方 万千百十元角分	借或贷	余额 万千百十元角分
月	日								
12	15		承前页			6 4 7 3 5 0 0	6 4 6 8 0 0 0	借	3 3 3 5 0 0
	18	现付5	购进材料	在途物资			1 5 0 0 0 0		
	18	银付3	提现	银行存款		5 0 0 0 0 0			
	18	现付6	支付通信费	管理费用			1 3 0 0 0 0	借	5 5 3 5 0 0
	20	现付7	支付运杂费	销售费用			3 5 0 0 0		
	20	现付8	支付医药费	应付职工薪酬			5 6 3 0 0	借	4 6 2 2 0 0
	25	现付9	补足备用金	管理费用			1 8 1 8 0 0		2 8 0 4 0 0
	30	现收2	收罚款	营业外收入		1 2 3 5 0 0		借	4 0 3 9 0 0
			本月合计			7 0 9 7 0 0 0	7 0 2 1 1 0 0	借	4 0 3 9 0 0

3. 总分类账平时只需结出月末余额，年度终了结账时，所有总账账户都应当结出全年发生额和年末余额。

总 分 类 账

会计科目名称：库存商品

2021年		凭证字号	摘要	借方 十万千百十元角分	贷方 十万千百十元角分	借或贷	余额 十万千百十元角分
月	日						
1	1		上年结转			借	6 4 2 0 0 0
	10	科汇01	汇总1—10日凭证	3 8 6 0 0 0			
	20	科汇02	汇总11—20日凭证	3 2 4 0 0 0			
	31	科汇03	汇总21—31日凭证		6 2 4 0 0 0	借	7 2 7 8 0 0 0
	31		本月合计	7 1 0 0 0 0 0	6 2 4 0 0 0	借	7 2 7 8 0 0 0
			……				
12	31		本月合计	8 6 7 0 0 0 0	7 4 3 0 0 0 0	借	8 5 1 8 0 0 0
			本年累计（本年合计）	8 9 4 8 0 0 0 0	8 7 3 8 2 0 0 0	借	8 5 1 8 0 0 0
			结转下年				

4. 明细账。
（1）三栏式账簿，适用于只需要对金额进行核算的账户。
① 三栏式明细账的登记一般与前述总账的登记范例相同。

主营业务收入明细账

账户名称：A产品

2021年		凭证字号	摘要	借方 十万千百十元角分	贷方 十万千百十元角分	借或贷	余额 十万千百十元角分
月	日						
12	1	银收1	销售产品取得收入		2 8 0 0 0 0		
	10	银收8	销售产品取得收入		2 5 0 0 0 0		
	28	转12	销售产品货款未收		3 6 0 0 0 0		
	31	转24	结转入"本年利润"	8 9 0 0 0 0		平	0
			本月合计	8 9 0 0 0 0	8 9 0 0 0 0	平	0

② 对于债权债务明细账和财产物资明细账，如"应收账款""应付账款""库存商品"等应每天记账，随时结出余额，每月最后一笔余额即月末余额。月末结账时只需要在最后一笔经济业务记录之下画"终结线"，不需要再结计一次余额。

应付账款明细账

账户名称：新兴工厂

2021年		凭证字号	摘要	借方 十万千百十元角分	贷方 十万千百十元角分	借或贷	余额 十万千百十元角分
月	日						
12	5		承前页			贷	1 4 6 8 0 0
	8	转6	购货，款未付		1 6 0 0 0 0	贷	3 0 6 8 0 0
	14	银付16	归还前欠货款	1 4 6 8 0 0		贷	1 6 0 0 0 0
	20	银付19	归还前欠货款	6 0 0 0 0		贷	1 0 0 0 0 0
	31	银付24	补充10月28日银付13号凭证	1 0 0 0 0 0		平	0

（2）数量金额式账簿，适用于如"原材料""库存商品"等既需要进行金额核算，又需要进行具体的实物数量核算分析的账户。

原材料明细账

原材料名称：甲材料

2021年		凭证字号	摘要	收入 数量 单价 千百十元角分	发出 数量 单价 千百十元角分	结存 数量 单价 千百十元角分
月	日					
12	1		期初余额			1500 4 6 0 0 0 0
	8		领用		800	700
	13	转6	购入	1000 4 4 0 0 0 0		1700
	16		领用		1000	700
	27	转16	购入	1600 4 6 4 0 0 0 0		2300
	30	转28	汇总发料		4 7 2 0 0 0	2300 4 9 2 0 0 0 0

(3) 多栏式账簿，适用于成本、费用类账户。多栏式账簿格式较多，有记一方金额的多栏式账簿，还有记两方金额的多栏式账簿。

管理费用明细账

2021年		凭证字号	摘要	工资及福利费	劳动保护费	折旧费	其他	合计
月	日							
12	31	转9	领用材料				2000.00	2000.00
	31	转10	计提折旧			2100.00		2100.00
	31	转13	分配工资	3600.00				3600.00
	31	转16	计提福利费	432.00				432.00
	31	转28	结转本年利润	4032.00		2100.00	2000.00	8132.00
			本月合计借方发生额					8132.00
			本月合计贷方发生额					8132.00

制造费用明细账

2021年		凭证字号	摘要	借方	贷方	借或贷	余额	办公费	工资及福利费	折旧费	机物料	其他
月	日											
12	31	转9	领用材料	1700.00							1700	
	31	转10	计提折旧	4200.00						4200		
	31	转13	分配工资	1400.00					1400			
	31	转16	计提福利费	168.00					168			
	31	转17	结转制造费用		7468.00	平	0		1568	4200	1700	
			本月合计	7468.00	7468.00	平	0					

生产成本明细账

产品名称：A产品

2021年		凭证字号	摘要	材料	工资及福利费	制造费用	合计
月	日						
12	30	转9	结转发出材料	11750.00			11750.00
	30	转13	结转工资		8500.00		8500.00
	30	转16	计提福利费		1020.00		1020.00
	30	转17	结转制造费用			7468.00	7468.00
	30	转22	结转完工产品成本	10200.00	8520.00	6658.00	25378.00
			本月合计借方发生额	11750.00	9520.00	7468.00	28738.00
			本月合计贷方发生额	10200.00	8520.00	6658.00	25378.00
			本月余额	1550.00	1000.00	810.00	3360.00

应交税费——应交增值税明细账

单位：元

2021年		凭证字号	摘要	借方			贷方				借或贷	余额
月	日			合计	进项税额	已交税金	合计	销项税额	出口退税	进项税额转出		
12	8	银付1	购进方钢	17 000	17 000							
	10	银付2	上交增值税	8 500		8 500						
	15	银收1	销售甲产品				32 300	32 300				
	28	银付8	购进圆钢	5 100	5 100						贷	1 700
			本月合计	30 600	22 100	8 500	32 300	32 300			贷	1 700

（4）横线登记式账簿，可以较详细记载一项经济业务从发生到结束的有关内容，适用于需要进行逐笔对应反映的经济业务。

其他应收款——备用金明细分类账

单位：元

2021年		凭证		摘要	户名	借方（借支）	贷方(报销、收回)				备注
月	日	字	号				2021年		凭证	报销金额	收回金额	
							月	日	字	号			
12	1	现付	2	借款	李文浩	1 800	12	9	转现收	124	1 780	20	√
	18	现付	9	借款	徐永强	2 500							

以上列举的几种简约或特别的明细账结账方式，并不是唯一的。在实际工作中，应根据需要来决定明细账结账数据的详细程度和结账方式。

五、实训——会计账簿的设置与登记

（一）实训目的

通过实训，明确账簿的种类和基本结构，熟悉登记账簿的一般要求，掌握会计账簿的设置、登记，以及对账、结账的基本操作技能。

（二）实训要求

根据以下资料将期初及本期经济业务记入给定账页，其他账户以T字账代替，2021年12月月末进行发生额试算平衡、对账，并结账。

"库存现金"日记账借方余额为9 800元；

"银行存款"日记账借方余额为950 000元；

"应收账款"总账借方余额为80 000元，其中应收长城公司货款35 000元；应收黄河公司货款45 000元。

该厂12月份发生的部分业务的凭证清单如表2.7所示。

表 2.7 部分业务的凭证清单

单位：元

2021年		凭证字号	摘要	会计分录	
月	日				
12	3	银付1	购入A材料，支付货款	借：在途物资——甲企业 　　应交税费——应交增值（进项税额） 贷：银行存款	50 000 6 500 56 500
	3	银付2	支付A材料采购费用	借：在途物资——甲企业 贷：银行存款	1 200 1 200
	4	转1	A材料验收入库	借：原材料——A材料 贷：在途物资——甲企业	51 200 51 200
	6	银付3	订正11月19日银付字7号凭证	借：销售费用 贷：银行存款	1 500 1 500
	7	现付1	预支差旅费	借：其他应收款——王芳 贷：库存现金	8 000 8 000
	8	银付4	提现备发工资	借：库存现金 贷：银行存款	140 000 140 000
	10	现付2	发放工资	借：应付职工薪酬 贷：库存现金	140 000 140 000
	12	转2	销售甲产品，未收款	借：应收账款——长城公司 贷：主营业务收入——甲产品 　　应交税费——应交增值税（销项税额）	234 000 200 000 26 000
	13	转3	王芳报销差旅费	借：管理费用 贷：其他应收款——王芳	7 850 7 850
	15	现收1	王芳报销退余款	借：库存现金 贷：其他应收款——王芳	150 150
	17	现付3	冲销11月18日现付字19号凭证	借：管理费用 贷：库存现金	4 100 4 100
	19	现付4	订正11月18日现付字19号凭证	借：制造费用 贷：库存现金	4 100 4 100
	23	银收1	收到销售产品货款	借：银行存款 贷：应收账款——长城公司	200 000 200 000
	25	银付5	补充10月26日银付字12号凭证	借：应收账款——黄河公司 贷：银行存款	9 100 9 100
	28	银收2	收到黄河公司上月欠款	借：银行存款 贷：应收账款——黄河公司	45 000 45 000

库 存 现 金 日 记 账

年		记账凭证字号	摘要	借方	贷方	借或贷	余额
月	日						

银行存款日记账

年		记账凭证		摘要	对方科目	借方	贷方	借或贷	余额
月	日	字	号						

总 分 类 账

科目：应收账款

年		记账凭证		摘要	借方	贷方	借或贷	余额
月	日	字	号					

应收账款明细分类账

明细科目：长城公司

年		记账凭证		摘要	借方	贷方	借或贷	余额
月	日	字	号					

应收账款明细分类账

明细科目：黄河公司

年		记账凭证		摘　要	借　方	贷　方	借或贷	余　额
月	日	字	号					

总分类账户本期发生额试算平衡表

科目名称	发生额	
	借方金额	贷方金额
合　计		

任务五 会计核算形式的应用训练

一、会计核算形式的选择

会计核算形式又称会计核算程序，是指在会计核算中，账簿组织、记账程序和会计报表有机结合的形式。账簿组织是指会计凭证和账簿的种类、格式及账簿之间的相互关系；记账程序是指从填制审核会计凭证，登记各种账簿，直到编制会计报表的整个会计处理程序。

目前我国采用的会计核算形式主要有记账凭证核算形式、科目汇总表核算形式、汇总记账凭证核算形式、多栏式日记账核算形式和日记总账核算形式等。各种不同会计核算形式的主要区别在于登记总账的方法和依据不同。

实务中两种主要会计核算形式的特点、优缺点及适用范围如表 2.8 所示。

表 2.8 两种主要会计核算形式的特点、优缺点及适用范围

会计核算形式	特点	优点	缺点	适用范围
记账凭证核算形式	直接根据记账凭证逐笔登记总账	简单明了，易于掌握	登记总账的工作量较大	规模小，业务量少的单位
科目汇总表核算形式	根据记账凭证定期编制科目汇总表，再根据科目汇总表定期登记总账	减少登记总账的工作量，并可利用科目汇总表进行发生额的试算平衡	不能反映账户之间的对应关系，不便于查对账目	规模较大，业务量较多的单位

二、科目汇总表的编制规范

科目汇总表是根据一定时期内的全部记账凭证，按科目进行归类编制的。具体编制步骤如下。

1. 科目汇总表的日期除按日汇总外，应填写期间数，编号一般按年填写顺序号。
2. 将所有的待装订的记账凭证按照编号整理好，按照所有已整理好的记账凭证编制"T"形账户，并将所有"T"形账户的借方、贷方的发生额合计数计算出来，验证所有账户的借方发生额合计数与贷方发生额合计数是否相等。
3. 若不相等，重做上述第二步，直至相等为止。
4. 相等后，将"T"形账户各个账户的借方发生额合计数和贷方发生额合计数按照账户的编号由小到大过入"科目汇总表"。并在最后一个账户的下一行的"科目名称"处写"合计"，同时计算出该"科目汇总表"的所有账户的借方发生额合计数和贷方发生额合计数。
5. 注明科目汇总表所汇总的记账凭证起讫号数。
6. 制单、复核、会计主管、记账等人员履行职责后分别签章。

三、科目汇总表范例

科目汇总表

类别 编号2

2021年12月11日至20日

现收凭证6号至18号共13张
银收凭证4号至15号共12张
现付凭证10号至17号共8张
银付凭证14号至18号共5张
转账凭证17号至33号共17张

会计科目	本期发生额 借方金额	√	贷方金额	√
库存现金	300000	√	302000	√
银行存款	1053000	√	800000	
其他应收款			20000	√
原材料	130000			
固定资产	50000	√		
应付账款			1351000	√
应付职工薪酬	300000			
应交税费	51000		153000	√
主营业务收入			900000	
管理费用	22000	√		
合计	¥3526000		¥3526000	

会计主管：李鑫　　记账：张丽　　审核：李鑫　　制表：张丽

根据科目汇总表登记总账时，要在科目汇总表上注明已登账的符号（打"√"）。

四、实训——科目汇总表核算形式的应用

（一）实训目的

通过实训明确科目汇总表核算程序下的账务处理程序，掌握账、证、表的基本操作技能。

（二）实训要求

1. 根据宏达公司2021年9月份发生的经济业务，选择通用记账凭证填制记账凭证。

宏达公司2021年9月份发生的经济业务如下。

（1）9月6日，向银行借入短期借款80 000元存入银行存款账户。

（2）9月7日，收到投资者投入设备一台，价值9 000元。

（3）9月9日，购入原材料一批，计6 000元，款项当即以存款支付。原材料已验收入库。

（4）9月10日，用银行存款直接支付当月工资50 000元。

（5）9月11日，分配结转工资50 000元，其中，生产A产品工人工资22 000元，生产B产品工人工资24 000元，车间管理人员工资2 500元，行政管理人员工资1 500元。

(6) 9月11日，按上列工资计提14%的福利费。

(7) 9月12日，生产车间生产A产品领用原材料3 000元，车间一般耗用材料200元。

(8) 9月18日，企业以银行存款2 600元，归还前欠东风工厂的材料款。

(9) 9月20日，采购员黎明预借差旅费800元，用现金支付。

(10) 9月20日，企业收到银行转来的收款通知，收到红旗厂上月所欠的销货款2 000元。

(11) 9月24日，用现金900元购买办公用品。

(12) 9月26日，向银行提取现金500元备用。

(13) 9月27日，销售产品400台，单价为200元，收到80 000元的支票一张，已填制"进账单"送存银行。

(14) 9月28日，结转销售产品成本45 000元。

(15) 9月28日，支付水电费2 000元，其中，行政管理部门600元，车间1 400元。

(16) 9月30日，预提短期借款利息500元。

(17) 9月30日，摊销本月负担的财产保险费1 400元。

(18) 9月30日，计提固定资产折旧1 500元，其中，车间1 000元，行政管理部门500元。

(19) 9月30日，结转制造费用5 450元。

(20) 9月30日，完工产品入库300台，入库单位成本190元。

(21) 9月30日，结转本月损益。

2. 根据上述填制完成的记账凭证逐笔登记银行存款日记账。已知银行存款账户期初余额为64 400元。

3. 根据上述填制完成的记账凭证编制科目汇总表。

4. 根据上述编制完成的科目汇总表登记银行存款总账并对账结账。

银行存款日记账

年		记账凭证		摘 要	对方科目	借 方	贷 方	借或贷	余 额	核对
月	日	字	号							

科 目 汇 总 表

凭证　号至　号共　张
凭证　号至　号共　张
凭证　号至　号共　张
凭证　号至　号共　张
凭证　号至　号共　张

类别
编号　　　　年　月　日至　日

会计科目	本期发生额		备注
	借方 　　　　　　　　　　　√	贷方 　　　　　　　　　　　√	
	亿千百十万千百十元角分	亿千百十万千百十元角分	
合　　　　计			

会计主管：　　　　记账：　　　　审核：　　　　制表：

总 分 类 账

科目：银行存款

年		记账凭证		摘要	借方	贷方	借或贷	余额	核对
月	日	字	号						

任务六 财务报表规范训练

一、财务报表的内容

财务报表是总括反映企业某一特定日期的资产、负债和所有者权益状况,以及某一特定时期的经营成果和现金流动情况的书面文件。财务报表包括资产负债表、利润表、现金流量表、所有者权益变动表及附注,即四表一附注。

编制财务报表,是对会计核算工作的全面总结,也是及时提供合法、真实、准确、完整的会计信息的重要环节。实际工作中存在的会计信息失真问题,很多是在编制财务报表环节有意违纪或因技术性差错造成的。因此,必须严格财务报表的编制程序和质量要求。财务会计报告的内容如表2.9所示。

表2.9 财务会计报告的内容

财务会计报告的组成内容		编报期要求	
		大中型企业	小型企业
会计报表	资产负债表	中期报告、年度报告	月度报告、年度报告
	利润表	中期报告、年度报告	月度报告、年度报告
	现金流量表	月度报告、年度报告	年度报告(按需编报)
	所有者权益变动表	年度报告	
会计报表附注		半年度、年度报告	年度报告

说明:上表是根据《企业会计制度》《小企业会计制度》,结合新《企业会计准则》第30、31、32号具体准则拟定的。

二、财务报表的编制步骤

1. 根据审核无误的原始凭证编制记账凭证,然后根据审核无误的记账凭证和相关的原始凭证登记总账及明细账,并确定所有记录均已入账。

2. 编制各账户的试算平衡表,检查账户的正确性,为编制财务报表做准备。

3. 根据准确无误的试算平衡表、总账账户和有关明细账户的数据资料,按照各财务报表的编制方法编制报表。具体需要编制如下内容。

(1)表首:单位、日期、金额单位。

(2)正表:详细填列。

(3)补充资料。

4. 检验,可按以下公式检验:

$$资产=负债+所有者权益$$
$$利润=收入-费用$$
$$现金流入=现金流出$$

5. 有关人员盖章。

三、财务报表的编制规范

(一) 资产负债表的编制规范

资产负债表由年初数和期末数两个栏目组成，各项目的"年初数"应根据上年年末本表的"期末数"栏目填列；各项目的"期末数"应根据报告期有关总分类账户及明细分类账户的期末余额填列。中小企业常见项目的填列方法有以下两种情况。

（1）直接填列的项目：如应收票据、在建工程、应付职工薪酬、应交税费、实收资本、资本公积、盈余公积等项目。

（2）分析计算后填列的项目：①如货币资金项目根据库存现金、银行存款及其他货币资金等账户的期末余额之和填列；②存货项目根据原材料、生产成本、库存商品、在途物资（材料采购）等账户的期末余额之和填列；③固定资产项目根据固定资产账户的期末余额减去累计折旧和固定资产减值准备账户期末余额后的差额填列；④无形资产项目根据无形资产账户的期末余额减去累计摊销账户期末余额后的差额填列；⑤未分配利润项目应根据本年利润和利润分配账户的期末余额计算填列（计算时，将这两个账户的贷方余额相加，有借方余额时用贷方余额减借方余额）等。

(二) 利润表的编制规范

利润表设有"本期金额"和"上期金额"两栏，"本期金额"栏目根据损益类账户的本月实际发生额（月末结账前的余额）填列，"上期金额"栏目根据上年同期利润表的"本期金额"栏的有关数字填列。表内各项目根据相关的损益类账户的发生额分析填列。

四、财务报表的审核与报送规范

(一) 会计报表的审核

为了保证会计报表正确无误，会计报表编制完成以后，必须对报表编制的完整性、合理性、正确性和真实性经过认真审核后才能上报。

会计报表审核的主要内容如下。
（1）会计报表的种类是否按要求填制齐全，要求填列的项目是否全部填列。
（2）会计报表各项目数字是否正确，有关小计、合计、总计或差额计算是否正确；表内及表与表之间的钩稽关系是否正确。
（3）会计报表中需要加以说明的问题是否有相应的文字说明，补充资料是否填列完整。

审核会计报表是一项细致的工作，各企业单位应指派专人负责审核工作，以保证报表的质量符合要求。

(二) 会计报表的报送

会计报表审核无误后，应及时报送。对外报送的财务报告应当依次编写页码、加具封面、装订成册、加盖公章。封面上应当注明单位名称、单位地址，以及财务报告所属年度、季度、月度和送出日期，并由单位负责人和主管会计工作的负责人、会计机构负责人（会计主管人员）签名并盖章。设置有总会计师的单位，还须由总会计师签名并盖章。

五、实训——会计报表的编制

（一）实训目的

通过实训熟悉资产负债表和利润表的格式和内容，掌握其编制方法、编制原理。

（二）实训要求

1. 根据华光公司2020年年末和2021年1月月末有关账户余额资料编制资产负债表。

单位：元

账户名称	借方余额		账户名称	贷方余额	
	2020年年末	2021年1月月末		2020年年末	2021年1月月末
库存现金	1 500	2 000	短期借款	58 400	40 000
银行存款	42 100	61 480	应付账款	215 000	129 600
应收账款	98 900	106 400	应交税费	21 600	32 000
原材料	127 000	112 000	长期借款	166 800	166 800
库存商品	96 800	120 000	实收资本	1 030 000	1 030 000
长期待摊费用	25 500	24 920	本年利润		136 000
生产成本		26 000	累计折旧	300 000	318 400
固定资产	1 300 000	1 300 000			
利润分配	100 000	100 000			

2. 根据华光公司2021年1月份损益类账户的本期发生额资料编制利润表。

单位：元

账户名称	借方发生额	贷方发生额
主营业务成本	80 000	
财务费用	2 000	
营业税金及附加	8 000	
销售费用	4 000	
管理费用	20 000	
营业外支出	6 000	
其他业务成本	4 000	
所得税费用	22 110	
主营业务收入		160 000
其他业务收入		5 000
营业外收入		8 000

资产负债表（会企01表）

编制单位：　　　　　　　　　　　　年　月　日　　　　　　　　　　　　单位：元

资　　产	行数	年初数	期末数	负债及所有者权益	行数	年初数	期末数
流动资产：				流动负债：			
货币资金				短期借款			
应收票据				应付票据			
应收账款				应付账款			
预付账款				预收账款			
应收股利				应付职工薪酬			
应收利息				应交税费			
其他应收款				应付利息			
应收补贴款				其他应交款			
存货				应付股利			
其中：消耗性生物资产				其他应付款			
一年内到期的非流动资产				预计负债			
其他流动资产				一年内到期的非流动负债			
流动资产合计				其他流动负债			
非流动资产：				流动负债合计			
可供出售金融资产				非流动负债：			
持有至到期投资				长期借款			
投资性房地产				应付债券			
长期股权投资				长期应付款			
长期应收款				专项应付款			
固定资产				递延所得税负债			
在建工程				其他非流动负债			
工程物资				非流动负债合计			
固定资产清理				负债合计			
无形资产				所有者权益（股东权益）：			
开发支出				实收资本（股本）			
长期待摊费用				资本公积			
其他非流动资产				盈余公积			
非流动资产合计				未分配利润			
				所有者权益合计			
资　产　总　计				负债及所有者权益总计			

单位负责人：　　　　　　　　　　会计主管：　　　　　　　　　　　制表：

利 润 表（会企02表）

编制单位： 年 月 日 单位：元

项　　　目	行次	本期金额	上期金额
一、营业收入			
减：营业成本			
营业税金及附加			
销售费用			
管理费用			
财务费用			
资产减值损失			
加：公允价值变动净收益(净损失以"－"号填列)			
投资净收益(净损失以"－"号填列)			
二、营业利润(亏损以"－"号填列)			
加：营业外收入			
减：营业外支出			
其中：非流动资产处置净损失			
三、利润总额(亏损总额以"－"号填列)			
减：所得税费用			
四、净利润(净亏损以"－"号填列)			
五、每股收益			
(一)基本每股收益			
(二)稀释每股收益			

单位负责人： 会计主管： 制表：

任务七　账、证、表的整理、装订与保管规范训练

一、会计凭证的整理、装订与保管规范

(一) 会计凭证的整理与装订

1. 会计凭证的整理

记账凭证应当连同所附的原始凭证或者原始凭证汇总表,按照编号顺序折叠整齐,准备装订。会计凭证在装订之前,必须进行适当的整理,以便于装订。

会计凭证的整理,主要是对记账凭证所附的原始凭证进行整理。会计实务中收到的原始凭证纸张往往大小不一,因此,需要按照记账凭证的大小进行折叠或粘贴。通常,对面积大于记账凭证的原始凭证采用折叠的方法,按照记账凭证的面积大小尺寸,将原始凭证先自右向左,再自下向上两次折叠。折叠时应注意将凭证的左上角或左侧面空出,以便于装订后的展开查阅。对于纸张面积过小的原始凭证,则采用粘贴的方法,即按一定次序和类别将原始凭证粘贴在一张与记账凭证大小相同的白纸上。粘贴时要注意,应尽量将同类同金额的单据粘在一起;如果是板状票证,可以将票面、票底轻轻撕开,厚纸板弃之不用;粘贴完成后,应在白纸一旁注明原始凭证的张数和合计金额。对于纸张面积略小于记账凭证的原始凭证,则可以用回形针或大头针别在记账凭证后面,待装订凭证时,抽去回形针或大头针。

对于数量过多的原始凭证,如发货票、收货单、领料单等,可单独装订成册,在封面上注明记账凭证的日期、编号、种类,然后在记账凭证上注明"附件另订"(或"所附原始凭证另订")和原始凭证的名称、编号。对于某些重要的原始凭证,如各种经济合同、存出保证金收据、涉外文件、契约等,为了便于日后查阅,可以不附在记账凭证之后,另编目录,单独保管,然后在相关的记账凭证和原始凭证上相互注明日期和编号,以便日后核对。

2. 会计凭证的装订

凭证装订是指将整理完毕的会计凭证加上封面和封底,装订成册,并在装订线上加贴封签的一系列工作。科目汇总表的工作底稿也可以装订在内,作为科目汇总表的附件。使用计算机的企业,还应将转账凭证清单等装订在内。

会计凭证不得跨月装订。记账凭证少的,可以一个月装订一本;一个月内凭证数量较多的,可装订成若干册,并在凭证封面上注明本月总计册数和本册数。采用科目汇总表会计核算形式的企业,原则上以一张科目汇总表及所附的记账凭证、原始凭证装订成一册,凭证少的,也可将若干张科目汇总表及相关记账凭证、原始凭证合并装订成一册。序号每月一编。装订好的会计凭证厚度通常为 2.0~3.0cm。

会计凭证的装订方法较多,通常的装订方法有"角订法"和"侧订法"。

(1) 采用"角订法"装订时,首先将全部凭证以左上角为准对齐,在左上角正面放一块长宽各约 8cm 的正方形包角纸,将包角纸对折为四块,剪掉左上角的那块,将右下角与凭证的左上角对齐;然后在凭证封面上左上角钻两个孔,穿入装订绳,绕两圈,在封底打上结;

再将包角纸右上角和左下角两小块反折到凭证封底，粘在打好的结上，将结压在里面（上述装订厚度一般不超过3.5cm）。

具体的装订程序如下。

① 整理记账凭证，摘掉凭证上的大头针等，并将记账凭证按编号顺序码放。

② 将记账凭证汇总表、银行存款余额调节表放在最前面，并放上封面、封底。

③ 在码放整齐的记账凭证左上角放一张8cm的正方形包角纸。包角纸要厚一点，其左边和上边与记账凭证取齐。

④ 在包角纸上沿距左边5cm处和左沿距上边4cm处画一条直线，并用两点将此直线等分，在分别等分直线的两点处将包角纸和记账凭证打上两个装订孔。

⑤ 用装订绳穿绕扎紧，在凭证的背面打结。线绳最好把凭证两端也系上。

⑥ 从正面折叠包角纸粘贴，并将画斜线部分剪掉。

⑦ 将包角纸向后折叠粘贴，将侧面和背面的线绳扣粘死。

⑧ 将装订线印章盖于骑缝处，并注明年、月、日和册数的编号。

（2）采用"侧订法"装订时，在"角订法"的基础上再加一张纸附在封面上（比封面长，反面朝上），以底边和左侧为准，蹾齐、夹紧，在左侧打三个孔，把线绳的中段从孔中引出，留扣，再把线绳从两端孔引过，并套入中间的留扣中，用力拉紧系好，余绳剪掉。附底纸，翻转后将左侧和底部粘贴。因此，"侧订法"与"角订法"的不同之处是在左侧面装订，而不是在左上角装订。

不论采用哪种方法装订，装订线一边的表单都应剪切整齐，避免装订后脱页丢失。装订好的会计凭证要四边成线，有角有棱、坚固、规整，不掉页，不露线。

3. 会计凭证封面的填写

在填写会计凭证的封面时，应注明以下内容：单位名称、所属的年度和月份、起讫日期、凭证种类、起讫号码，由装订人在装订线封签处盖上骑缝章，并在脊背上填写时间及编号。

（二）会计凭证的保管

装订成册的会计凭证要按年分月顺序排列，并指定专人保管，但出纳不得兼管会计档案保管工作。年度终了后，可暂由财会部门保管1年，期满后，编造清册移交本单位的档案部门保管。查阅会计凭证应办理查阅手续，并经本单位有关领导批准。调阅时，应填写会计档案调阅表，详细填写调阅会计凭证的名称、调阅日期、调阅人姓名、调阅理由、归还日期和调阅批准人。会计凭证应加贴封条、防止抽换凭证。原始凭证不得外借，其他单位如因特殊原因需要使用原始凭证，经本单位会计机构负责人、会计主管人员批准，可以复制，避免抽出原凭证。向外单位提供的原始凭证复制件，应当专设登记簿登记，说明所复制的会计凭证名称、张数，并由提供人员和收取人员共同签名或者盖章。会计凭证的保管期限、借阅手续、销毁程序等必须严格遵守《会计档案管理办法》的规定，期满前不得任意销毁。

二、会计账簿的装订规范

1. 按会计账簿启用表的使用页数核对账户是否相符，账页是否齐全，序号排列是否连续，然后按会计账簿封面、账簿启用表、账户目录和排序整理好的账页的页顺序装订。会计账簿应牢固、平整，不得有折角、缺角、错页、掉页、加空白纸的现象；会计账簿的封口要严密，封口处要加盖公章；封面应齐全、平整，并注明所属年度及账簿名称、编号，编号要一年一编，编号顺序是总账、现金日记账、银行存款日记账、分类明细账。

2. 活页账簿的装订。将账页填写齐全，去除空白页和账夹，并加具封底封面，多栏式活页账、三栏式活页账、数量金额式活页账等不得混装，应按同类业务、同类账页装订在一起，在装订账页的封面上填写好账簿的种类，编好卷号，由会计人员、装订人或经办人等签章。

三、会计报表的装订与保管规范

会计报表编制完成并按时报送后，留存的报表应按月装订成册，装订顺序如下。

1. 会计报表封面；
2. 会计报表编制说明；
3. 各种会计报表按会计报表的编号顺序排列；
4. 会计报表封底。

会计报表在会计部门保管 1 年，满 1 年后应开列清册，移交档案部门进行保管。若会计报表由会计部门负责归档保管，应设专屋或专柜保管。

四、实训——会计凭证、会计账簿的装订与保管

（一）实训目的

通过实训熟悉会计凭证造册归档、使用的程序，掌握会计凭证、会计账簿的装订、保管要求和操作技术。

（二）实训要求

根据第三篇基础会计综合训练，按要求装订会计凭证并签章；按要求使用会计账簿并保管。

第三篇 基础会计综合训练

一、实训目标

1. 熟练地完成期初业务、日常业务和期末业务的会计核算工作，掌握一个完整循环下的会计核算程序、核算步骤和核算方法。

2. 整合课堂上所学的会计理论知识，提高职业判断能力及审慎的思维能力，通过边实践、边学习、边思考和边总结的过程，加深对会计理论知识的理解，为后续的专业课程学习奠定基础。

3. 通过综合实训，正确理解《会计基础工作规范》的要求，养成一名合格的会计从业人员应具备的认真、细致、一丝不苟的职业素养。

4. 通过设岗实训，培养合作能力和团队意识，提高就业上岗和职业岗位变化的适应能力。

二、实训要求

1. 选择适当的实训组织方式，在设岗实训方式下，按照岗位要求合理分工，同时为了保证每个学生都能掌握相关技能，在完成一部分工作后，可以采取轮岗方式，调换每个人的角色和任务。

2. 应严格按照《会计基础工作规范》的要求开展各环节的核算工作，所有的文字、数字都应规范书写，并做到正确、整洁、清楚、流畅，从而保证账、证、表的准确、规范、清晰。

3. 对于实训过程中出现的账务处理错误，应按照规定的方法进行更正，不得任意涂改、刮擦挖补。

4. 所有的账、证、表等会计资料均应按照要求装订成册，形成实训成果。

5. 严格按照要求，按时、按质完成各阶段的实训任务。

三、实训组织

可以参照第一篇所提供的综合实训方式，适当采取"分步实训"方式、"集中实训"方式、"分步与集中实训相结合"方式、"设岗实训"方式进行实训的组织。

四、实训评价

参见第一篇中的综合实训评价标准（见表1.4）。

五、实训准备

为了全仿真企业核算过程,实训开始前,应组织学生学习《会计基础工作规范》,开展实训动员工作,使学生明确综合实训的目的、意义、要求及实训安排;根据教学安排,选择适当的实训组织方式;做好实训的器材及耗材准备。

(一)实训用具及器材准备

1. 财务专用章、发票专用章、会计科目用章和私章(出纳人员、法人代表、会计人员)各一套;
2. 钢笔(红、蓝或黑色)、铅笔;
3. 直尺、剪刀、胶水、大头针、回形针;
4. 印台、算盘或计算器、钩锥或装订机、装订线等有关用品用具。

应配备的银行预留印鉴和有关业务用章、私章如下。

(二)实训耗材准备

1. 总分类账:20 张。
2. 现金及银行存款日记账:各 1 张。
3. 三栏式明细分类账:10 张。
4. 数量金额式明细分类账:6 张。
5. 应交增值税明细分类账:1 张。
6. 横线式明细账:1 张。
7. 生产成本明细分类账:2 张。
8. 多栏式明细分类账:4 张。
9. 科目汇总表:5 张。
10. 总账科目试算平衡表:3 张。
11. 银行存款余额调节表:1 张。
12. 资产负债表、损益表:各 1 份。
13. 基础会计实训报告:1 份。
14. 记账凭证 1 本、会计凭证封面 1 张。

六、实训资料

（一）实训企业概况

企业名称：徐记饼干厂
法人代表：徐永强
单位地址：广州市荔湾区中山七路88号
电话：020-36725432
开户银行：工商银行中华路支行
账号：02102490047688
税务登记号：440001250573869（一般纳税人，增值税税率为17%）
会计主管：李鑫
记账员：张丽
出纳员：王小华
制单员：宋飞

该厂设一个基本生产车间，生产夹心饼干和曲奇饼干两种产品，产品成本按品种法计算，生产所用材料全部外购；原材料、产成品按实际成本计价，发出存货采用全月一次加权平均法计算；产品销售价格均为不含增值税价格；利润核算采用账结法，每月计算出利润总额并预交所得税，年终进行清算。

（二）实训企业建账资料

徐记饼干厂2020年12月月末各账户余额资料如表3.1所示。

表3.1 徐记饼干厂2020年12月月末各账户余额资料

总账科目	明细科目	借方余额（元）	贷方余额（元）	资料说明	账页格式
库存现金		4 480.00			三栏式
	现金日记账	4 480.00			三栏式
银行存款		1 366 500.00			三栏式
	银行存款日记账	1 366 500.00			三栏式
应收票据		20 000.00			三栏式
应收账款		71 520.00			三栏式
	光明食品公司	43 336.80			三栏式
	华富商店	25 936.80			三栏式
	林华商店	2 246.40			三栏式
其他应收款		1 200.00			三栏式
	刘　剑	无			三栏式
	刘向东	1 200.00			三栏式
	李文强	无			三栏式

续表

总账科目	明细科目	借方余额（元）	贷方余额（元）	资料说明	账页格式
在途物资		22 440.00			三栏式
	锦信贸易公司	22 440.00			横线登记式
	白云贸易公司	无			横线登记式
原材料		149 260.00			三栏式
	面粉	81 900.00		21 000千克@3.90	数量金额式
	奶油	18 600.00		1 000千克@18.60	数量金额式
	白糖	14 350.00		3 500千克@4.10	数量金额式
	精制盐	960.00		600千克@1.60	数量金额式
	鲜鸡蛋	5 400.00		900千克@6.00	数量金额式
	奶粉	11 400.00		300千克@38.00	数量金额式
	黄油	16 650.00		900千克@18.50	数量金额式
库存商品		83 796.00			三栏式
	夹心饼干	40 768.00		5 600盒@7.28	数量金额式
	曲奇饼干	43 028.00		6 200盒@6.94	数量金额式
预付账款		6 500.00			三栏式
	办公设备修理公司	6 500.00		分10个月摊，本月摊650元	三栏式
	金兴报业集团	无			三栏式
长期股权投资		200 000.00			三栏式
交易性金融资产		150 000.00			三栏式
固定资产		1 290 000.00			三栏式
累计折旧			197 200.00		三栏式
无形资产		24 000.00			三栏式
累计摊销			无		三栏式
待处理财产损溢		无			三栏式
短期借款			78 000.00		三栏式
应付账款			83 535.00		三栏式
	长宏贸易公司		71 253.50		三栏式
	大华商场		9 281.50		三栏式
	安康保险公司		3 000.00		三栏式
应付职工薪酬			50 601.00		三栏式
应交税费			44 060.00		三栏式
	应交增值税		无		多栏式
	未交增值税		28 600.00		三栏式
	应交所得税		12 600.00		三栏式
	应交城市维护建设税		2 002.00		三栏式
	应交教育费附加		858.00		三栏式

续表

总账科目	明细科目	借方余额（元）	贷方余额（元）	资料说明	账页格式
应付利息			18 700.00		三栏式
应付股利			48 000.00		三栏式
长期借款			120 000.00		三栏式
实收资本			2 094 000.00		三栏式
资本公积			49 800.00		三栏式
盈余公积			74 200.00		三栏式
本年利润			无		三栏式
利润分配			531 600.00		三栏式
生产成本		无			三栏式
	基本生产成本（夹心饼干）	无		细目：直接材料、直接人工、制造费用	多栏式
	基本生产成本（曲奇饼干）	无		细目：直接材料、直接人工、制造费用	多栏式
制造费用		无			三栏式
	（明细）	无		细目：办公费、工资、福利费、折旧费、其他	多栏式
主营业务收入			无		三栏式
	（明细）		无	夹心饼干、曲奇饼干	多栏式
主营业务成本		无			三栏式
营业税金及附加		无			三栏式
	（明细）	无		夹心饼干、曲奇饼干	多栏式
销售费用		无			三栏式
管理费用		无			三栏式
	（明细）	无		细目：办公费、工资、福利费、折旧费、其他	多栏式
财务费用		无			三栏式
营业外支出		无			三栏式
所得税费用		无			三栏式
合　　计		3 389 696.00	3 389 696.00		

（三）实训企业经济业务

徐记饼干厂2021年1月份发生的经济业务如下。

（1）1日，销售给大华商场（纳税人识别号：440001158374724，开户银行：建设银行东风路办事处，账号：0200563657，地址、电话：广州市东风路112号 020-87568673）夹心饼干4 400盒，单价为11.80元；曲奇饼干5 200盒，单价为9.60元，开出增值税专用发票，共计价款101 840元，增值税13 239.20元，收到支票并已送存银行。（原始凭证4张）

(2) 2日，上月向锦信贸易公司采购的奶粉600千克现验收入库无误，价款为22 440元。（原始凭证1张）

(3) 3日，用现金支付职工刘剑出差预借的差旅费1 800元。（原始凭证1张）

(4) 5日，夹心饼干18 000盒、曲奇饼干15 500盒完工，验收入库。（原始凭证2张）

(5) 8日，从锦信贸易公司购进鲜鸡蛋1 500千克，购入奶油900千克，对方代垫运杂费980元，以转账支票支付，材料已验收入库无误（运杂费按料量进行分配）。（原始凭证8张）

(6) 8日，车间生产曲奇饼干领用如下材料。（原始凭证5张）

材料名称	面粉	奶油	白糖	精制盐	鲜鸡蛋
数量（千克）	18 000	350	1 200	130	480

(7) 9日，从锦信贸易公司购进面粉30 000千克，对方垫付运杂费800元，以转账支票支付，材料已验收入库无误。（原始凭证6张）

(8) 10日，签发支票，从银行提取现金40 000元，备发工资。（原始凭证1张）

(9) 10日，以现金40 000元发放本月工资。（原始凭证4张）

(10) 10日，以现金1 768元支付行政管理部门购买的办公用品。（原始凭证2张）

(11) 10日，车间生产夹心饼干领用如下材料。（原始凭证6张）

材料名称	面粉	奶油	白糖	鲜鸡蛋	奶粉	黄油
数量（千克）	21 000	260	2 100	850	260	300

(12) 10日，收回华富商场（开户银行：工商银行前进路办事处，账号：0200215434）前欠货款25 936.80元，现已收回支票送存银行。（原始凭证1张）

(13) 10日，以存款支付上月应交增值税、所得税、城市维护建设税及教育费附加，共计44 060元。（原始凭证4张）

(14) 13日，向希望工程捐款8 000元，签发支票给广州市民政局（开户银行：工商银行侨民办事处，账号：0201255698）。（原始凭证2张）

(15) 14日，销售给华富商场（纳税人识别号：440011076524861，开户银行：工商银行前进办事处，账号：0200215434，地址、电话：广州市前进路335号020-86876546）夹心饼干13 000盒，单价为11.80元；曲奇饼干15 000盒，单价为9.60元，开出增值税专用发票，共计价款297 400元，增值税款38.662元，价税款尚未收回。（原始凭证3张）

(16) 15日，用支票支付金兴报业集团（开户银行：工商银行华强办事处，账号：0200526257）本年度全年报刊费2 200元。（原始凭证2张）

(17) 15日，用支票支付富联广告公司（开户银行：交通银行人民路办事处，账号：0200781348）产品广告费8 500元。（原始凭证3张）

(18) 16日，用支票支付安康保险公司（开户银行：农业银行红旗办事处，账号：0202564086）财产保险费4 500元（已预提3 000元）。（原始凭证2张）

(19) 17日，从锦信贸易公司购进白糖4 000千克，对方代垫运杂费550元，以转账支票支付，材料未到。（原始凭证5张）

(20) 18日，向锦信贸易公司采购的白糖4 000千克现验收入库无误。（原始凭证1张）

(21) 22日，刘剑出差归来，报销差旅费1 720元（住宿费1 360元，车费260元，补助100元），并返回现金80元。（原始凭证2张）

(22) 25日，夹心饼干6 780盒、曲奇饼干10 800盒完工，验收入库。（原始凭证2张）
(23) 25日，用支票归还本企业开户银行到期的临时借款50 000元。（原始凭证1张）
(24) 25日，用支票支付东风模具厂的应付投资者利润48 000元。（原始凭证1张）
(25) 29日，财产清查中盘亏鲜鸡蛋230千克，共计1 380元，原因待查。（原始凭证1张）
(26) 30日，查明盘亏鲜鸡蛋230千克，是人为原因造成，经批准，应由责任人李文强赔偿1 080元，其余300元作为营业外支出处理。（原始凭证1张）
(27) 30日，购买固定资产一台，价税合计95 000元，包装、运杂费1 000元。（原始凭证5张）
(28) 30日，为改扩建厂房，向银行贷款400 000元，期限为3年。（原始凭证2张）。
(29) 30日，支付本月电费17 731.35元（含增值税2 576.35元）。（原始凭证3张）
(30) 30日，预提本月借款利息2 340元。（原始凭证1张）
(31) 30日，收到庆丰公司追加的投资款100 000元。（原始凭证3张）
(32) 30日，银行通知到期应收票据20 000元，收款手续已办妥。（原始凭证2张）

(33) 31日，计提本月固定资产折旧费。（原始凭证1张）
(34) 31日，编制"发料凭证汇总表"，分配材料费用。各材料发出单价如下。（原始凭证1张）

材料名称	面粉	奶粉	奶油	黄油	白糖	精制盐	鲜鸡蛋
单价（元）	3.90	37.60	18.55	18.50	4.05	1.60	5.31

(35) 31日，编制"工资分配表"，分配工资费用。（原始凭证1张）
(36) 31日，按应付工资总额的14%计提职工福利费。（原始凭证1张）
(37) 31日，摊销应由本月负担的无形资产。（原始凭证1张）
(38) 31日，摊销本月应负担的办公设备修理费和报刊杂志费。（原始凭证1张）
(39) 31日，编制电费分配表，分配电费。（原始凭证1张）
(40) 31日，将本月"制造费用"按生产工人工资比例进行分配（分配率保留两位小数）。（原始凭证1张）
(41) 31日，编制"完工产品成本汇总计算表"，计算并结转本月完工产品的生产成本（本月无在产品）。（原始凭证1张）
(42) 31日，计算并结转本月已销产品成本，夹心饼干单位成本为7.06元，曲奇饼干单位成本为6.88元。（原始凭证1张）
(43) 31日，计算并结转本月应交增值税。
(44) 31日，按本月应交流转税税额的7%计提城市维护建设税，按本月应交流转税税额的3%计提教育费附加。
(45) 31日，将本月收入类账户的余额转入"本年利润"。
(46) 31日，将本月支出类账户的余额转入"本年利润"。
(47) 31日，计算并结转本月应交所得税。
(48) 31日，按净利润的10%计提盈余公积，按净利润的5%计提公益金。（原始凭证1张）
(49) 31日，将银行对账单与"银行存款日记账"进行核对，并编制"银行存款余额调节表"。（原始凭证2张）

(四) 实训企业有关原始凭证

徐记饼干厂 2021 年 1 月份的有关原始凭证如下。

4400000000　广东增值税专用发票　№ 14605XXX

此联不作报销、扣税凭证使用

开票日期：

购买方	名　　称： 纳税人识别号： 地　址、电话： 开户行及账号：				密码区	（略）		
货物或应税劳务、服务名称	规格型号	单位	数量	单价	金额		税率	税额
合　　　计								
价税合计（大写）					（小写）			
销售方	名　　称： 纳税人识别号： 地　址、电话： 开户行及账号：				备注			

收款人：　　　　　复核：　　　　　开票人：　　　　　销售方：（章）

第一联：记账联　销售方记账凭证

1.2/4　　　　　中国工商银行进账单（回单）　1

年　月　日

出票人	全　称		收款人	全　称	
	账　号			账　号	
	开户银行			开户银行	
金额	人民币 （大写）		亿千百十万千百十元角分		
票据种类		票据张数			
票据号码					
		复核　　记账		开户银行盖章	

此联是开户银行交给持（出）票人的回单

1.3/4　　　　　**成品出库单**(财会联)　　　No. 12010

年　月　日

成品名称规格	计量单位	出库数量	备注

经手人：张素芬　　　　　保管员：李文强

1.4/4

成品出库单(财会联)　　　　　　　　No. 12011

年　月　日

成品名称规格	计量单位	出库数量	备注

经手人：张素芬　　　　　　　　　　　保管员：李文强

2.1/1

收 料 单（财会联）　　　　　　　　No. 700211

供货单位：锦信贸易公司　　　　　　　　　　2021年1月2日

材料名称及规格	单位	单价	应收数量	金额（元）	实收数量	金额（元）
奶粉	千克	37.40	600.00	22 440.00	600.00	22 440.00

验收：李文强　　　　　　　　　　　　　　制单：王伟

3.1/1

借 款 单

2021年1月3日

借款人	刘剑	部门	办公室	职务	办事员
借款理由	参加质量鉴定会借支差旅费				
借款金额	人民币(大写)壹仟捌佰元整				¥1 800.00
核　准	刘向东				

（现金付讫）

4.1/2

成 品 入 库 单（财会联）　　　　　　　No. 8001

2021年1月5日

成品名称规格	计量单位	入库数量	备注
夹心饼干	盒	18 000.00	

经手人：张素芬　　　　　　　　　　　保管员：李文强

4.2/2

成 品 入 库 单（财会联）　　　　　　　No. 8002

2021年1月5日

成品名称规格	计量单位	入库数量	备注
曲奇饼干	盒	15 500.00	

经手人：张素芬　　　　　　　　　　　保管员：李文强

5.1/8

4400000000

广东增值税专用发票

№ 14605XXX

抵扣联

开票日期：2021 年 12 月 7 日

购买方	名　　称	徐记饼干厂				密码区	（略）			
	纳税人识别号	440001250573869								
	地址、电话	广州市荔湾区中山七路88号　020-36725432								
	开户行及账号	工商银行中华路支行 02102490047688								
货物或应税劳务、服务名称		规格型号	单位	数量	单价		金额	税率		税额
鲜鸡蛋			千克	1525	4.90		7350.00	13%		955.50
奶　油			千克	900	8.50		16650.00	13%		2164.50
合　　计							¥24000.00			¥3120.00
价税合计（大写）		⊗贰万柒仟壹佰贰拾圆整				（小写）¥27120.00				
销售方	名　　称	锦信贸易公司				备注				
	纳税人识别号	440001558702365								
	地址、电话	广州市新华路123号　020-87356523								
	开户行及账号	工商银行新华路支行 00602100087143								

第二联：抵扣联　购买方扣税凭证

收款人：刘兵　　　　复核：丁红　　　　开票人：刘兵　　　　销售方：（章）

5.2/8

4400000000

广东增值税专用发票

№ 14605XXX

发票联

开票日期：2021 年 12 月 7 日

购买方	名　　称	徐记饼干厂				密码区	（略）			
	纳税人识别号	440001250573869								
	地址、电话	广州市荔湾区中山七路88号　020-36725432								
	开户行及账号	工商银行中华路支行 02102490047688								
货物或应税劳务、服务名称		规格型号	单位	数量	单价		金额	税率		税额
鲜鸡蛋			千克	1525	4.90		7350.00	13%		955.50
奶　油			千克	900	8.50		16650.00	13%		2164.50
合　　计							¥24000.00			¥3120.00
价税合计（大写）		⊗贰万柒仟壹佰贰拾圆整				（小写）¥27120.00				
销售方	名　　称	锦信贸易公司				备注				
	纳税人识别号	440001558702365								
	地址、电话	广州市新华路123号　020-87356523								
	开户行及账号	工商银行新华路支行 00602100087143								

第三联：发票联　购买方记账凭证

收款人：刘兵　　　　复核：丁红　　　　开票人：刘兵　　　　销售方：（章）

5.3/8

中国工商银行（粤）	中国工商银行支票（粤） XVI0013698017
支票存根 XVI0013698017 附加信息 _____ _____ _____ 出票日期　年　月　日 收款人： 金　额： 用　途： 单位主管　　会计	出票日期(大写)　　年　　月　　日　付款行名称： 收款人：　　　　　　　　　　　　出票人账号： 人民币 （大写） 亿千百十万千百十元角分 用途：_____ 上列款项请从 我账户内支付 出票人签章　　　复核　　　　记账 条码区

本支票付款期限十天

5.4/8　　　　　　　　　　　　　**收 料 单（财会联）**　　　　　　No. 700212

供货单位：　　　　　　　　　　　　　　　　　　　　　　　　　　　年　月　日

材料名称及规格	单 位	单 价	应收数量	金额（元）	实收数量	金额（元）

验收：李文强　　　　　　　　　　　　　　　　　　　　　　制单：王伟

5.5/8　　　　　　　　　　　　　**收 料 单（财会联）**　　　　　　No. 700213

供货单位：　　　　　　　　　　　　　　　　　　　　　　　　　　　年　月　日

材料名称及规格	单 位	单 价	应收数量	金额（元）	实收数量	金额（元）

验收：李文强　　　　　　　　　　　　　　　　　　　　　　制单：王伟

5.6/8

4400000000

广东增值税专用发票

抵扣联

№ 14605XXX

开票日期：2021 年 1 月 8 日

购买方	名　　称： 徐记饼干厂 纳税人识别号： 440001250573869 地址、电话： 广州市荔湾区中山七路88号　020-36725432 开户行及账号： 工商银行中华路支行 02102490047688	密码区	（略）
货物或应税劳务、服务名称	**规格型号**	**单位**	**数量**	**单价**	**金额**	**税率**	**税额**
运杂费		1	1	899.08	899.08	9%	80.92
合　　计					¥899.08		¥80.92
价税合计（大写）	⊗玖佰捌拾圆整				（小写）¥980.00		
销售方	名　　称： 广州市第一运输公司 纳税人识别号： 440002691324763 地址、电话： 广州市中山路1号　020-37851111 开户行及账号： 工商银行中山支行 02101331076533	备注	（广州市第一运输公司 发票专用章）

收款人：王鹏　　复核：刘敏　　开票人：王鹏　　销售方：（章）

5.7/8

4400000000

广东增值税专用发票

发票联

№ 14605XXX

开票日期：2021 年 1 月 8 日

购买方	名　　称： 徐记饼干厂 纳税人识别号： 440001250573869 地址、电话： 广州市荔湾区中山七路88号　020-36725432 开户行及账号： 工商银行中华路支行 02102490047688	密码区	（略）
货物或应税劳务、服务名称	**规格型号**	**单位**	**数量**	**单价**	**金额**	**税率**	**税额**
运杂费		1	1	899.08	899.08	9%	80.92
合　　计					¥899.08		¥80.92
价税合计（大写）	⊗玖佰捌拾圆整				（小写）¥980.00		
销售方	名　　称： 广州市第一运输公司 纳税人识别号： 440002691324763 地址、电话： 广州市中山路1号　020-37851111 开户行及账号： 工商银行中山支行 02101331076533	备注	（广州市第一运输公司 发票专用章）

收款人：王鹏　　复核：刘敏　　开票人：王鹏　　销售方：（章）

5.8/8   **材料采购费用分配计算单**

材料名称	单价（元）	重量（千克）	买价（元）	运杂费			实际采购成本	单位成本
				分配标准	分配率	金额		
合　计								

复核：　　　　　　　　　　　　　　制单：

6.1/5   **领　料　单**（财会联）　　　　　　No.1003

用途：　　　　　　　　　　　　　　　　　　年　月　日

材料名称及规格	计量单位	请领数量	实发数量	备注

领料人：黄勇　　　　　　　　　　　发料人：李文强

6.2/5   **领　料　单**（财会联）　　　　　　No.1004

用途：　　　　　　　　　　　　　　　　　　年　月　日

材料名称及规格	计量单位	请领数量	实发数量	备注

领料人：黄勇　　　　　　　　　　　发料人：李文强

6.3/5   **领　料　单**（财会联）　　　　　　No.1005

用途：　　　　　　　　　　　　　　　　　　年　月　日

材料名称及规格	计量单位	请领数量	实发数量	备注

领料人：黄勇　　　　　　　　　　　发料人：李文强

6.4/5

领 料 单（财会联）

No. 1006

用途：　　　　　　　　　　　　　　　　　　　　　　年　月　日

材料名称及规格	计量单位	请领数量	实发数量	备注

领料人：黄勇　　　　　　　　　　　发料人：李文强

6.5/5

领 料 单（财会联）

No. 1007

用途：　　　　　　　　　　　　　　　　　　　　　　年　月　日

材料名称及规格	计量单位	请领数量	实发数量	备注

领料人：黄勇　　　　　　　　　　　发料人：李文强

7.1/6

 4400000000　　 广东增值税专用发票　　№ 14605XXX

抵扣联

开票日期：2021年1月9日

购买方	名　　称：徐记饼干厂　　纳税人识别号：440001250573869　　地　址、电　话：广州市荔湾区中山七路88号　020-36725432　　开户行及账号：工商银行中华路支行 02102490047688	密码区	（略）

货物或应税劳务、服务名称	规格型号	单位	数量	单价	金额	税率	税额
面粉		千克	30000	3.88	116400.00	13%	15132.00
合　　计					¥116400.00		¥15132.00

价税合计（大写）	⊗壹拾叁万壹仟伍佰叁拾贰圆整	（小写）¥131532.00

销售方	名　　称：锦信贸易公司　　纳税人识别号：440001558702365　　地　址、电　话：广州市新华路123号　020-87356523　　开户行及账号：工商银行新华路支行 00602100087143	备注	锦信贸易公司 发票专用章

收款人：陈华　　复核：李明　　开票人：陈华　　销售方：（章）

第二联：抵扣联　购买方扣税凭证

7.2/6

4400000000

广东增值税专用发票 № 14605XXX

发票联

开票日期：2021年1月9日

购买方	名　　称	徐记饼干厂			密码区	（略）			
	纳税人识别号	440001250573869							
	地址、电话	广州市荔湾区中山七路88号 020-36725432							
	开户行及账号	工商银行中华路支行 02102490047688							
货物或应税劳务、服务名称	规格型号	单位	数量	单价	金额		税率	税额	
面粉		千克	30000	3.88	116400.00		13%	15132.00	
合　　　计					¥116400.00			¥15132.00	
价税合计（大写）		⊗壹拾叁万壹仟伍佰叁拾贰圆整			（小写）¥131532.00				
销售方	名　　称	锦信贸易公司			备注				
	纳税人识别号	440001558702365							
	地址、电话	广州市新华路123号 020-87356523							
	开户行及账号	工商银行新华路支行 00602100087143							

收款人：陈华　　复核：李明　　开票人：陈华　　销售方：（章）

第三联：发票联 购买方记账凭证

7.3/6

中国工商银行（粤）
支票存根
XVI0013698018

附加信息_____

出票日期　年　月　日
收款人：_____
金　额：_____
用　途：_____

单位主管　　　会计

中国工商银行支票（粤）　　XVI0013698018

出票日期(大写)　　年　月　日　付款行名称：
收款人：　　　　　　　　　　出票人账号：

人民币
（大写）　　　　　　　　亿千百十万千百十元角分

用途
上列款项请从
我账户内支付
出票人签章　　　　　复核　　　　　记账

条码区

本支票付款期限十天

7.4/6

收 料 单（财会联）　　No. 700214

供货单位：　　　　　　　　　　　　　　年　月　日

材料名称及规格	单位	单价	应收数量	金额（元）	实收数量	金额（元）

验收：李文强　　　　　　　　　　制单：王伟

7.5/6

4400000000

广东增值税专用发票

№ 14605XXX

抵扣联

开票日期：2021年1月9日

购买方	名称：徐记饼干厂 纳税人识别号：440001250573869 地址、电话：广州市荔湾区中山七路88号 020-36725432 开户行及账号：工商银行中华路支行 02102490047688	密码区	（略）		
货物或应税劳务、服务名称	规格型号	单位	数量	单价	金额	税率	税额
运杂费		1	1	733.94	733.94	9%	66.06
合计					¥733.94		¥66.06
价税合计（大写）	⊗捌佰圆整			（小写）¥800.00			
销售方	名称：广州市第一运输公司 纳税人识别号：440002691324763 地址、电话：广州市中山路1号 020-37851111 开户行及账号：工商银行中山支行 02101331076533	备注			

收款人：王鹏　　　复核：刘敏　　　开票人：王鹏　　　销售方：（章）

第二联：抵扣联 购买方扣税凭证

7.6/6

4400000000

广东增值税专用发票

№ 14605XXX

发票联

开票日期：2021年1月9日

购买方	名称：徐记饼干厂 纳税人识别号：440001250573869 地址、电话：广州市荔湾区中山七路88号 020-36725432 开户行及账号：工商银行中华路支行 02102490047688	密码区	（略）		
货物或应税劳务、服务名称	规格型号	单位	数量	单价	金额	税率	税额
运杂费		1	1	733.94	733.94	9%	66.06
合计					¥733.94		¥66.06
价税合计（大写）	⊗捌佰圆整			（小写）¥800.00			
销售方	名称：广州市第一运输公司 纳税人识别号：440002691324763 地址、电话：广州市中山路1号 020-37851111 开户行及账号：工商银行中山支行 02101331076533	备注			

收款人：王鹏　　　复核：刘敏　　　开票人：王鹏　　　销售方：（章）

第三联：发票联 购买方记账凭证

8.1/1

中国工商银行（粤）	中国工商银行支票（粤） XVI0013698019
支票存根 XVI0013698019 附加信息＿＿＿＿＿＿＿＿ ＿＿＿＿＿＿＿＿＿＿＿＿＿ ＿＿＿＿＿＿＿＿＿＿＿＿＿ 出票日期　年　月　日 收款人： 金　额： 用　途： 单位主管　　会计	出票日期(大写)　　年　　月　　日　付款行名称： 收款人：　　　　　　　　　　　　出票人账号： 本支票付款期限十天 人民币（大写）　　　　亿千百十万千百十元角分 用途＿＿＿＿＿＿＿＿＿ 上列款项请从 我账户内支付 出票人签章　　　　　复核　　　　　　记账 条码区

9.1/4

工资结算表

管理部门　　　　　　　　　　　　　　　　　　　　　　　单位：元

姓名	基本工资	奖金	津贴	合计	签名
刘向东	1 100	650	350	2 100	刘向东
王小华	1 200	550	250	2 000	王小华
刘　剑	980	520	400	1 900	刘　剑
李　鑫	600	550	250	1 400	李　鑫
合　计	3 880	2 270	1 250	7 400	

主管：刘向东　　　　　　　　　　　　　　　　　　　制表人：张丽

9.2/4

工资结算表

车间管理人员　　　　　　　　　　　　　　　　　　　　单位：元

姓名	基本工资	奖金	津贴	合计	签名
李文强	900	500	700	2 100	李文强
张素芬	1 300	500	700	2 500	张素芬
合　计	2 200	1 000	1 400	4 600	

主管：刘向东　　　　　　　　　　　　　　　　　　　制表人：张丽

9.3/4

工资结算表

生产夹心饼干工人工资　　　　　　　　　　　　　　　　单位：元

姓名	基本工资	奖金	津贴	合计	签名
李宏达	1 250	500	700	2 450	李宏达
陈龙江	1 300	300	600	2 200	陈龙江
刘永仁	1 300	300	600	2 200	刘永仁
张云飞	1300	350	600	2 250	张云飞
李志伟	1 650	350	600	2 600	李志伟
赵宝瑞	1 450	100	550	2 100	赵宝瑞
梁玉环	1 550	100	550	2 200	梁玉环
合　计	9 800	2 000	4 200	16 000	

主管：刘向东　　　　　　　　　　　　　　　　　　　制表人：张丽

9.4/4

工资结算表

生产曲奇饼干工人工资　　　　　　　　　　　　　　　　　　　单位：元

姓名	基本工资	奖金	津贴	合计	签名
张伟胜	950	500	700	2 150	张伟胜
王志仁	800	300	600	1 700	王志仁
刘晓云	800	300	600	1 700	刘晓云
潘 云	850	350	600	1 800	潘 云
范学文	800	300	600	1 700	范学文
范达常	800	300	600	1 700	范达常
杨小帆	750	250	250	1 250	杨小帆
合 计	5 750	2 300	3 950	12 000	

主管：刘向东　　　　　　　　　　　　　　　　　　　制表人：张丽

10.1/2

　4400000000　　　**广东增值税专用发票**　　№ 14605XXX

抵 扣 联

开票日期：2021 年 1 月 10 日

购买方	名　　称：徐记饼干厂 纳税人识别号：440001250573869 地　址、电　话：广州市荔湾区中山七路 88 号　020-36725432 开户行及账号：工商银行中华路支行 02102490047688	密码区	（略）		
货物或应税劳务、服务名称	规格型号	单位	数量	单价	金额	税率	税额

货物或应税劳务、服务名称	规格型号	单位	数量	单价	金额	税率	税额
文具		批	1	1564.60	1564.60	13%	203.40
合　　计					¥1564.60		¥203.40

价税合计（大写）　⊗壹仟柒佰陆拾捌圆整　　　　　　（小写）¥1768.00

| 销售方 | 名　　称：宏远商场
纳税人识别号：440003781238936
地　址、电　话：广州市白云区志远路 18 号　020-89251347
开户行及账号：工商银行白云支行 02105870035900 | 备注 | |

收款人：王宏伟　　　复核：　　　开票人：张洋　　　销售方：（章）

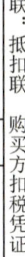

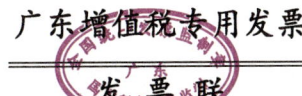

10.2/2

4400000000　　广东增值税专用发票　　№ 14605XXX

发票联

开票日期：2021 年 1 月 10 日

购买方	名　　称：徐记饼干厂 纳税人识别号：440001250573869 地　址、电话：广州市荔湾区中山七路88号 020-36725432 开户行及账号：工商银行中华路支行 02102490047688	密码区	（略）		
货物或应税劳务、服务名称	规格型号	单位	数量	单价	金额	税率	税额
文具		批	1	1564.60	1564.60	13%	203.40
合　　　　计					¥1564.60		¥203.40
价税合计（大写）	⊗壹仟柒佰陆拾捌圆整			（小写）¥1768.00			
销售方	名　　称：宏远商场 纳税人识别号：440003781238936 地　址、电话：广州市白云区志远路18号 020-89251347 开户行及账号：工商银行白云支行 02105870035900	备注			

第三联：发票联 购买方记账凭证

收款人：王宏伟　　复核：　　开票人：张洋　　销售方：（章）

11.1/6

领　料　单（财会联）　　No. 1008

用途：　　　　　　　　　　　　　　　　　　　年　月　日

材料名称及规格	计量单位	请领数量	实发数量	备注

领料人：黄勇　　　　　　　　　　发料人：李文强

11.2/6

领　料　单（财会联）　　No. 1009

用途：　　　　　　　　　　　　　　　　　　　年　月　日

材料名称及规格	计量单位	请领数量	实发数量	备注

领料人：黄勇　　　　　　　　　　发料人：李文强

11.3/6

领　料　单（财会联）　　No. 1010

用途：　　　　　　　　　　　　　　　　　　　年　月　日

材料名称及规格	计量单位	请领数量	实发数量	备注

领料人：黄勇　　　　　　　　　　发料人：李文强

11.4/6   领 料 单（财会联）   No. 1011

用途：   年　月　日

材料名称及规格	计量单位	请领数量	实发数量	备注

领料人：黄勇   发料人：李文强

11.5/6   领 料 单（财会联）   No. 1012

用途：   年　月　日

材料名称及规格	计量单位	请领数量	实发数量	备注

领料人：黄勇   发料人：李文强

11.6/6   领 料 单（财会联）   No. 1013

用途：   年　月　日

材料名称及规格	计量单位	请领数量	实发数量	备注

领料人：黄勇   发料人：李文强

12.1/1   中国工商银行进账单（回单）   1

年　月　日

出票人	全　称		收票人	全　称		此联是开户银行交给持（出）票人的回单
	账　号			账　号		
	开户银行			开户银行		
金额	人民币（大写）		亿千百十万千百十元角分			
票据种类		票据张数				
票据号码						
	复核　　记账		开户银行盖章			

13.1/4

中华人民共和国 税收缴款书

国税 ☒国 №0000052163

隶属关系：							
经济类型：有限公司			填发日期：2021年1月10日			收入机关：新城国税局	
缴款单位（人）	代 码	440001250573869		预算科目	编 码	2000100	
	全 称	徐记饼干厂			名 称	增值税	
	开户银行	工商银行中华路支行			级 次	市级	
	账 号	02102490047688			收款国库	市国库	
税款所属时期：2020年12月1日-30日				税款限缴日期：2021年1月1日-10日			

品目名称	课税数量	计税金额或销售收入	税率或单位税额	已缴或扣除额	实缴税额 千 百 拾 万 仟 百 拾 元 角 分
工业		168235.3	17%		2 8 6 0 0 0 0
金额合计	（大写）贰万捌仟陆佰元整				￥2 8 6 0 0 0 0

缴款单位（人）（盖章）　税务机关（盖章）　上列款项已收妥并划转到收款单位账户　备注
经办人（章）　填票人（章）　国库（银行）盖章 2021年1月10日

13.2/4

中华人民共和国 税收缴款书

国税 ☒国 №0000052163

隶属关系：							
经济类型：有限公司			填发日期：2021年1月10日			收入机关：新城国税局	
缴款单位（人）	代 码	440001250573869		预算科目	编 码	100100	
	全 称	徐记饼干厂			名 称	城市维护建设税	
	开户银行	工商银行中华路支行			级 次	市级	
	账 号	02102490047688			收款国库	市国库	
税款所属时期：2020年12月1日-30日				税款限缴日期：2021年1月1日-10日			

品目名称	课税数量	计税金额或销售收入	税率或单位税额	已缴或扣除额	实缴税额 千 百 拾 万 仟 百 拾 元 角 分
增值税		28600	7%		2 0 0 2 0 0
金额合计	（大写）贰仟零贰元整				￥2 0 0 2 0 0

缴款单位（人）（盖章）　税务机关（盖章）　上列款项已收妥并划转到收款单位账户　备注
经办人（章）　填票人（章）　国库（银行）盖章 2021年1月10日

13.3/4

中华人民共和国 税收缴款书

国税 ☒国

№ 0000052163

隶属关系：
经济类型：有限公司　　填发日期：2021年1月10日　　收入机关：新城国税局

缴款单位（人）	代　码	440001250573869	预算科目	编码	700300
	全　称	徐记饼干厂		名称	教育费附加
	开户银行	工商银行中华路支行		级次	市级
	账　号	02102490047688		收款国库	市国库

税款所属时期：2020年12月1日-30日　　税款限缴日期：2020年1月1日-10日

品目名称	课税数量	计税金额或销售收入	税率或单位税额	已缴或扣除额	实缴税额 仟 百 拾 万 仟 百 拾 元 角 分
增值税		28 600	3%		8 5 8 0 0
金额合计	（大写）捌佰伍拾捌元整				¥　　　8 5 8 0 0

缴款单位（人）（盖章）　税务机关（盖章）　上列款项已收妥并划转到收款单位账户 21.1.10　备注
经办人（章）　填票人（章）　国库（银行）盖章 2021年1月10日

13.4/4

中华人民共和国 税收缴款书

国税 ☒国

№ 0000052163

隶属关系：
经济类型：有限公司　　填发日期：2021年1月10日　　收入机关：新城国税局

缴款单位（人）	代　码	440001250573869	预算科目	编码	400001
	全　称	徐记饼干厂		名称	企业所得税
	开户银行	工商银行中华路支行		级次	市级
	账　号	02102490047688		收款国库	市国库

税款所属时期：2020年12月1日-30日　　税款限缴日期：2013年1月1日-10日

品目名称	课税数量	计税金额或销售收入	税率或单位税额	已缴或扣除额	实缴税额 仟 百 拾 万 仟 百 拾 元 角 分
工业		50 400	25%		1 2 6 0 0 0 0
金额合计	（大写）壹万贰仟陆佰元整				¥　　1 2 6 0 0 0 0

缴款单位（人）（盖章）　税务机关（盖章）　上列款项已收妥并划转到收款单位账户 21.1.10　备注
经办人（章）　填票人（章）　国库（银行）盖章 2021年1月10日

14.1/2

收　据

2021年1月13日

今收到　　徐记饼干厂的希望工程捐款 8 000 元整。

金　额（大写）　　捌仟零佰零拾零元零角零分　¥ 8000.00

出纳：苏敏　　　　经手人：王小玲

14.2/2

中国工商银行(粤)		中国工商银行支票（粤）	XVI0013698020
支票存根		出票日(大写)　年　月　日	付款行名称：
XVI0013698020		收款人：	出票人账号：
附加信息_____	本支票付款期限十天	人民币（大写）	亿千百十万千百十元角分
出票日期　年月日		用途_____	
收款人：		上列款项请从	
金　额：		我账户内支付	
用　途：		出票人签章　　　复核　　　记账	
单位主管　　会计		条码区	

15.1/3

4400000000　　广东增值税专用发票　　№ 14605XXX

此联不作报销、抵税凭证使用

开票日期：

购买方	名　　称：							
	纳税人识别号：			密码区		（略）		
	地址、电话：							
	开户行及账号：							

货物或应税劳务、服务名称	规格型号	单位	数量	单价	金额	税率	税额
合　　计							
价税合计（大写）					（小写）		

销售方	名　　称：		备注
	纳税人识别号：		
	地址、电话：		
	开户行及账号：		

收款人：　　　复核：　　　开票人：　　　销售方：（章）

第一联：记账联　销售方记账凭证

15.2/3

成品出库单(财会联)　　No. 12012

年　月　日

成品名称规格	计量单位	出库数量	备注

经手人：张素芬　　　保管员：李文强

15.3/3

成 品 出 库 单 (财会联)   No. 12013

年　月　日

成品名称规格	计量单位	出库数量	备注

经手人：张素芬　　　　　　　　　　　保管员：李文强

16.1/2

金兴报业集团2013年订报专用收据   NO. 280954

订户姓名：徐记饼干厂　　电话：020-36725432　　日期：2021 年 1 月 15 日
地址：广州市荔湾区中山七路88号

报刊名称	订阅份数	订阅期限	金额	备注
市场动态报	贰	1月1日至12月31日	2 200.00	
金额合计	贰仟贰佰零拾零元零角零分		￥2 200.00	

收款人：钟文　　　　　　　　　　开票单位：（金兴报业集团财务专用章）

16.2/2

中国工商银行（粤）支票存根 XVI0013698021	中国工商银行支票（粤）　XVI0013698021
附加信息	出票日期(大写)　　年　月　日　付款名称：
	收款人：　　　　　　　　　　　　出票人账号：
出票日期　年　月　日	人民币(大写)　　亿千百十万千百十元角分
收款人：	
金额：	用途：
用途：	上列款项请从我账户内支付
单位主管　　会计	出票人签章　　　复核　　　记账　条码区

本支票付款期限十天

17.1/3

广东增值税专用发票 抵扣联   № 14605XXX
4400000000

开票日期：2020 年 12 月 12 日

购买方	名称：徐记饼干厂 纳税人识别号：440001250573869 地址、电话：广州市荔湾区中山七路88号 020-36725432 开户行及账号：工商银行中华路支行 02102490047688	密码区	（略）

货物或应税劳务、服务名称	规格型号	单位	数量	单价	金额	税率	税额
广告费					8018.87	6%	481.13
合　计					¥8018.87		¥481.13

价税合计（大写）	⊗捌仟伍佰圆整	（小写）¥8500.00

销售方	名称：富联广告公司 纳税人识别号：440008771357358 地址、电话：广州市荔湾区东风路1350号 020-37851234 开户行及账号：工商银行东风路支行 02102513574688	备注	（富联广告公司发票专用章） 销售方：(章)

收款人：陈歌　　　　复核：徐军　　　开票人：李丽

第二联：抵扣联　购买方扣税凭证

17.2/3

广东增值税专用发票 发票联   № 14605XXX
4400000000

开票日期：2020 年 12 月 12 日

购买方	名称：徐记饼干厂 纳税人识别号：440001250573869 地址、电话：广州市荔湾区中山七路88号 020-36725432 开户行及账号：工商银行中华路支行 02102490047688	密码区	（略）

货物或应税劳务、服务名称	规格型号	单位	数量	单价	金额	税率	税额
广告费					8018.87	6%	481.13
合　计					¥8018.87		¥481.13

价税合计（大写）	⊗捌仟伍佰圆整	（小写）¥8500.00

销售方	名称：富联广告公司 纳税人识别号：440008771357358 地址、电话：广州市荔湾区东风路1350号 020-37851234 开户行及账号：工商银行东风路支行 02102513574688	备注	（富联广告公司发票专用章） 销售方：(章)

收款人：陈歌　　　　复核：徐军　　　开票人：李丽

第三联：发票联　购买方记账凭证

17.3/3

中国工商银行（粤）	中国工商银行支票（粤） XVI0013698022
支票存根 XVI0013698022 附加信息_____	出票日期(大写)　　年　　月　　日　付款行名称： 收款人：　　　　　　　　　　　　　　出票人账号：

出票日期　　年　月　日
收款人：
金　额：
用　途：
单位主管　　会计

人民币（大写）　｜亿｜千｜百｜十｜万｜千｜百｜十｜元｜角｜分｜

本支票付款期限十天

用途_____
上列款项请从
我账户内支付
出票人签章　　　复核　　　记账
条码区

18.1/2

安康保险公司财产保险费发票

(发票联)

　　　　　　　　　　　　　　020 保财 NO.0056789

2013 年 1 月 16 日

单位或个人：徐记饼干厂支付财产保险费_____

金额（大写）：肆仟伍佰元整　　　　（￥4500.00）

系CK098-3267号保单项下之保费

收款单位盖章：（安康保险公司 财务专用章）　　复核 刘丽明　　经办 王虹

18.2/2

中国工商银行（粤）	中国工商银行支票（粤） XVI0013698023
支票存根 XVI0013698023 附加信息_____	出票日期(大写)　　年　　月　　日　付款行名称： 收款人：　　　　　　　　　　　　　　出票人账号：

出票日期　　年　月　日
收款人：
金　额：
用　途：
单位主管　　会计

人民币（大写）　｜亿｜千｜百｜十｜万｜千｜百｜十｜元｜角｜分｜

本支票付款期限十天

用途_____
上列款项请从
我账户内支付
出票人签章　　　复核　　　记账
条码区

19.1/5

4400000000　　　广东增值税专用发票　　　№ 14605XXX

抵扣联

开票日期：2021 年 1 月 17 日

购买方	名称：徐记饼干厂 纳税人识别号：440001250573869 地址、电话：广州市荔湾区中山七路88号　020-36725432 开户行及账号：工商银行中华路支行 02102490047688	密码区	（略）

货物或应税劳务、服务名称	规格型号	单位	数量	单价	金额	税率	税额
白糖		千克	4000	4.00	16000.00	13%	2080.00
合　计					¥16000.00		¥2080.00

价税合计（大写）	⊗壹万捌仟零捌拾圆整	（小写）¥18080.00

销售方	名称：锦信贸易公司 纳税人识别号：440001558702365 地址、电话：广州市新华路123号　020-87356523 开户行及账号：工商银行新华路支行 00602100087143	备注	（锦信贸易公司发票专用章）

收款人：陈华　　　复核：李明　　　开票人：陈华　　　销售方：（章）

第二联：抵扣联　购买方扣税凭证

19.2/5

4400000000　　　广东增值税专用发票　　　№ 14605XXX

发票联

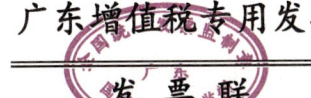

开票日期：2021 年 1 月 17 日

购买方	名称：徐记饼干厂 纳税人识别号：440001250573869 地址、电话：广州市荔湾区中山七路88号　020-36725432 开户行及账号：工商银行中华路支行 02102490047688	密码区	（略）

货物或应税劳务、服务名称	规格型号	单位	数量	单价	金额	税率	税额
白糖		千克	4000	4.00	16000.00	13%	2080.00
合　计					¥16000.00		¥2080.00

价税合计（大写）	⊗壹万捌仟零捌拾圆整	（小写）¥18080.00

销售方	名称：锦信贸易公司 纳税人识别号：440001558702365 地址、电话：广州市新华路123号　020-87356523 开户行及账号：工商银行新华路支行 00602100087143	备注	（锦信贸易公司发票专用章）

收款人：陈华　　　复核：李明　　　开票人：陈华　　　销售方：（章）

第三联：发票联　购买方记账凭证

19.3/5

中国工商银行(粤) 支票存根 XVI0013698024	中国工商银行支票(粤) XVI0013698024
附加信息_____ _____ _____ _____ 出票日期 年 月 日 收款人：_____ 金 额：_____ 用 途：_____ 单位主管　　会计	出票日期(大写)　　年　月　日　付款行名称：_____ 收款人：_____　　　　　　　　出票人账号：_____ 人民币（大写） ¥ 亿千百十万千百十元角分 用途_____ 上列款项请从 我账户内支付 出票人签章　　复核　　记账 条码区

19.4/5

4400000000　　广东增值税专用发票　　№ 14605XXX

抵扣联

开票日期：2021年1月17日

购买方	名　　称：	徐记饼干厂					密码区	（略）			第二联：抵扣联 购买方扣税凭证
	纳税人识别号：	440001250573869									
	地　址、电话：	广州市荔湾区中山七路88号 020-36725432									
	开户行及账号：	工商银行中华路支行 02102490047688									
货物或应税劳务、服务名称		规格型号	单位	数量	单价		金额		税率	税额	
运杂费			1	1	504.59		504.59		9%	45.41	
合　　　计							¥504.59			¥45.41	
价税合计（大写）		⊗伍佰伍拾圆整					（小写）¥550.00				
销售方	名　　称：	广州市第一运输公司				备 注					
	纳税人识别号：	440002691324763									
	地　址、电话：	广州市中山路1号 020-37851111									
	开户行及账号：	工商银行中山支行 02101331076533									

收款人：王鹏　　　复核：刘敏　　　开票人：王鹏　　　销售方：(章)

19.5/5

广东增值税专用发票

4400000000   № 14605XXX

发票联

开票日期：2021年1月17日

购买方	名　　称：徐记饼干厂 纳税人识别号：440001250573869 地　址、电　话：广州市荔湾区中山七路88号　020-36725432 开户行及账号：工商银行中华路支行 02102490047688	密码区	（略）

货物或应税劳务、服务名称	规格型号	单位	数量	单价	金额	税率	税额
运杂费		1	1	504.59	504.59	9%	45.41
合　　　计					¥504.59		¥45.41
价税合计（大写）	⊗伍佰伍拾圆整			（小写）¥550.00			

销售方	名　　称：广州市第一运输公司 纳税人识别号：440026691324763 地　址、电　话：广州市中山路1号　020-37851111 开户行及账号：工商银行中山支行 02101331076533	备注	（广州市第一运输公司 发票专用章）

收款人：王鹏　　　　复核：刘敏　　　开票人：王鹏　　　　销售方：（章）

20.1/1

收　料　单（财会联）

No. 700215

供货单位：　　　　　　　　　　　　　　　　　　　　　　　　年　　月　　日

材料名称及规格	单位	单价	应收数量	金额	实收数量	金额

验收：李文强　　　　　　　　　　　　　　　　　制单：王伟

21.1/2

差旅费报销单

2021年1月22日

项目	火车费	汽车费	市内交通	旅馆费	住宿费	其他	合计
数量		5			2		
金额		260.00			1 360.00	100.00	1 720.00
人民币（合计）	零万壹仟柒佰贰拾零元零角零分							
出差事由	质量鉴定会		出差起止日期	1月7日—1月13日			
借款人	刘剑	原借金额	1 800.00	实报金额	1 720.00	审批人	刘向东

21.2/2

收　据

年　　月　　日

今收到＿＿＿＿＿＿＿＿＿＿＿＿＿＿＿＿＿＿＿＿＿＿＿＿＿＿＿＿＿

＿＿＿＿＿＿＿＿＿＿＿＿＿＿＿＿＿＿＿＿＿＿＿＿＿＿＿＿＿＿＿＿＿

金　额
（大写）　　仟　　佰　　拾　　元　　角　　分　¥＿＿＿＿＿＿

出纳：　　　　　　经手人：

22.1/2 **成品入库单（财会联）**　　　　　　No.8003

2021年1月25日

成品名称规格	计量单位	入库数量	备注
夹心饼干	盒	6 780	

经手人：张素芬　　　　　　　　　　保管员：李文强

22.2/2 **成品入库单（财会联）**　　　　　　No.8004

2021年1月25日

成品名称规格	计量单位	入库数量	备注
曲奇饼干	盒	10 800	

经手人：张素芬　　　　　　　　　　保管员：李文强

23.1/1

中国工商银行（粤）
支票存根
XVI0013698025
附加信息＿＿＿＿＿＿＿＿
＿＿＿＿＿＿＿＿＿＿＿＿
＿＿＿＿＿＿＿＿＿＿＿＿
出票日期　年　月　日
收款人：
金　额：
用　途：
单位主管　　会计

中国工商银行支票（粤）　　XVI0013698025

出票日期(大写)　　年　　月　　日　付款行名称：

收款人：　　　　　　　　　　　　　出票人账号：

人民币
（大写）

亿	千	百	十	万	千	百	十	元	角	分

本支票付款期限十天

用途＿＿＿＿＿＿＿
上列款项请从
我账户内支付
出票人签章　　　　复核　　　　记账
条码区

24.1/1

中国工商银行（粤）	中国工商银行支票（粤） XVI0013698026
支票存根 XVI0013698026 附加信息 _____ _____ 出票日期　年　月　日 收款人： 金　额： 用　途： 单位主管　　会计	出票日期(大写)　　年　月　　日　付款行名称： 收款人：　　　　　　　　　　　　出票人账号： 人民币（大写）　　　　　亿千百十万千百十元角分 用途_____ 上列款项请从我账户内支付 出票人签章　　　　　复核　　　　记账 条码区

本支票付款期限十天

25.1/1

材料盘亏报告单

2021年1月29日　　　　　　　　　　　　单位：元

品　名	计量单位	数量	单价	金额
鲜鸡蛋	千克	230	6.00	1 380.00
合　计				￥1 380.00
盘亏原因：待查				
处理意见：				

复核：刘向东　　　　　　保管员：李文强

26.1/1

材料盘亏报告单

2021年1月29日　　　　　　　　　　　　单位：元

品　名	计量单位	数量	单价	金额
鲜鸡蛋	千克	230	6.00	1 380.00
合　计				￥1 380.00
盘亏原因：				
处理意见：				

复核：刘向东　　　　　　保管员：李文强

27.1/5

中国工商银行（粤） 支票存根 XVI0013698027 附加信息 _____ _____ 出票日期　年　月　日 收款人： 金　额： 用　途： 单位主管　　会计	中国工商银行支票（粤）　XVI0013698027 出票日期(大写)　　年　月　　日　付款行名称： 收款人：　　　　　　　　　　　　出票人账号： 人民币（大写）　　　　　亿千百十万千百十元角分 用途_____ 上列款项请从我账户内支付 出票人签章　　　　　复核　　　　记账 条码区

本支票付款期限十天

27.2/5

广东增值税专用发票 抵扣联

№ 14605XXX

开票日期：2021年1月30日

购买方	名称：徐记饼干厂 纳税人识别号：440001250573869 地址、电话：广州市荔湾区中山七路88号 020-36725432 开户行及账号：工商银行中华路支行 02102490047688	密码区	(略)			
货物或应税劳务、服务名称	规格型号	单位	数量	单价	金额	税率	税额
PK-TC 设备	PK-01X	台	1	84070.80	84070.80	13%	10929.20
合计					¥84070.80		¥10929.20
价税合计（大写）	⊗玖万伍仟圆整			(小写) ¥95000.00			
销售方	名称：汕头长安设备贸易公司 纳税人识别号：440032270283250 地址、电话：汕头市远大路18号 020-87329811 开户行及账号：工商银行远大路支行 0213511040189322	备注				

收款人：陈文　　复核：刘奇　　开票人：陈文　　销售方：（章）

27.3/5

广东增值税专用发票 发票联

№ 14605XXX

开票日期：2021年1月30日

购买方	名称：徐记饼干厂 纳税人识别号：440001250573869 地址、电话：广州市荔湾区中山七路88号 020-36725432 开户行及账号：工商银行中华路支行 02102490047688	密码区	(略)			
货物或应税劳务、服务名称	规格型号	单位	数量	单价	金额	税率	税额
PK-TC 设备	PK-01X	台	1	84070.80	84070.80	13%	10929.20
合计					¥84070.80		¥10929.20
价税合计（大写）	⊗玖万伍仟圆整			(小写) ¥95000.00			
销售方	名称：汕头长安设备贸易公司 纳税人识别号：440032270283250 地址、电话：汕头市远大路18号 020-87329811 开户行及账号：工商银行远大路支行 0213511040189322	备注				

收款人：陈文　　复核：刘奇　　开票人：陈文　　销售方：（章）

27.3/5

送货单

No. 104525000035325
发站：长沙　到站：广州
电话：0731-4653241　电话：020-38415628

日期：2021 年 1 月 30 日

货物编号	货物名称	库区	包装	件数	收货人付款	备注
1129-356472-7961-1	设备A	库	木箱	1	1 000.00	

合计(大写)：　人民币 壹仟元整
收货人及电话：徐记饼干厂 020-36725432
收货人证件：_____　代提人证件：_____
收货人地址：_____　其他证牌号：_____

制单人：付小艳　　收款人：陈淑方　　仓管员：

（湖南长沙佳佳运输公司 业务专用章）

27.4/5

4400000000　　广东增值税专用发票　　№ 14605XXX

（抵扣联）

开票日期：2021 年 1 月 30 日

购买方	名　　称：徐记饼干厂 纳税人识别号：440001250573869 地　址、电　话：广州市荔湾区中山七路88号　020-36725432 开户行及账号：工商银行中华路支行 02102490047688	密码区	（略）

货物或应税劳务、服务名称	规格型号	单位	数量	单价	金额	税率	税额
设备		台	1	1000.00	917.43	9%	82.57
合　　　　计					¥917.43		¥82.57

价税合计（大写）　⊗ 壹仟圆整　　　　　　　　　　（小写）¥1000.00

销售方	名　　称：汕头长安设备贸易公司 纳税人识别号：440032270283250 地　址、电　话：汕头市远大路18号　020-87329811 开户行及账号：工商银行远大路支行 0213511040189322	备注	（汕头长安设备贸易公司 发票专用章）

收款人：陈文　　复核：刘奇　　开票人：陈文　　销售方：（章）

第二联：抵扣联　购买方扣税凭证

27.5/5

广东增值税专用发票 No 14605XXX

4400000000

发票联

开票日期：2021 年 1 月 30 日

购买方	名　　称：徐记饼干厂 纳税人识别号：440001250573869 地　址、电话：广州市荔湾区中山七路88号　020-36725432 开户行及账号：工商银行中华路支行 02102490047688	密码区	（略）

货物或应税劳务、服务名称	规格型号	单位	数量	单价	金额	税率	税额
设备		台	1	1000.00	917.43	9%	82.57
合　　计					￥917.43		￥82.57

价税合计（大写）	⊗壹仟圆整	（小写）￥1000.00

销售方	名　　称：汕头长安设备贸易公司 纳税人识别号：440032270283250 地　址、电话：汕头市远大路18号　020-87329811 开户行及账号：工商银行远大路支行 0213511040189322	备注	（发票专用章）

收款人：陈文　　　　复核：刘奇　　　　开票人：陈文　　　　销售方：（章）

28.1/2

工商企业借款借据（收账通知）

借款企业名称：徐记饼干厂　　2021 年 1 月 30 日

贷款种类	长期借款	贷款账号	131	账　号	02102490047688
借款金额	人民币(大写) 肆拾万元整				￥400000000
借款用途	改扩建厂房				
约定还款期	期限36个月	于2024年1月30日到期			

上列借款已批准发放，转入你单位存款账户。

此致

　　单位　　（银行签章）

单位分录：
（借）
（贷）

主管　　会计　　复核　　记账

2021 年 1 月 30 日

中国工商银行长期借款合同

28.2/2

立合同单位：

中国工商银行车城支行（以下简称贷款方）

<u>徐记饼干厂</u>（以下简称借款方）

<u>广州食品总公司</u>（以下简称保证借款方）

为明确责任，恪守合同，特签订本合同，共同信守。

一、借款种类：<u>企业长期借款</u>

二、借款金额：<u>肆拾万元整</u>

三、借款用途：<u>厂房的改扩建</u>

四、借款利息：月息千分之二按季收息，利随本清。如遇国家调整利率，按调后的规定利率计算。

五、借款期限：借款时间自<u>二〇二一年一月三十日</u>至<u>二〇二四年一月三十日</u>止。

六、还款资金来源：<u>营业收入</u>

七、还款方式：<u>转账</u>

八、保证条款：借款方请<u>广州食品总公司</u>作为自己的借款保证方，经贷款方审查，证实保证方具有担保资格和足够的代偿借款的能力。保证方有权检查和督促借款方履行合同。当借款方不履行合同时，由保证方连带承担偿还借款本息的责任。必要时，贷款方可以从保证方的存款账户内扣收贷款本息。

九、违约责任：（略）

合同的附件：（略）

本合同经各方签字后生效，贷款本息全部清偿后自动失效。

本合同正本一式三份，贷款方、借款方、保证方各执一份；合同副本___份，报送_____有关单位各留一份。

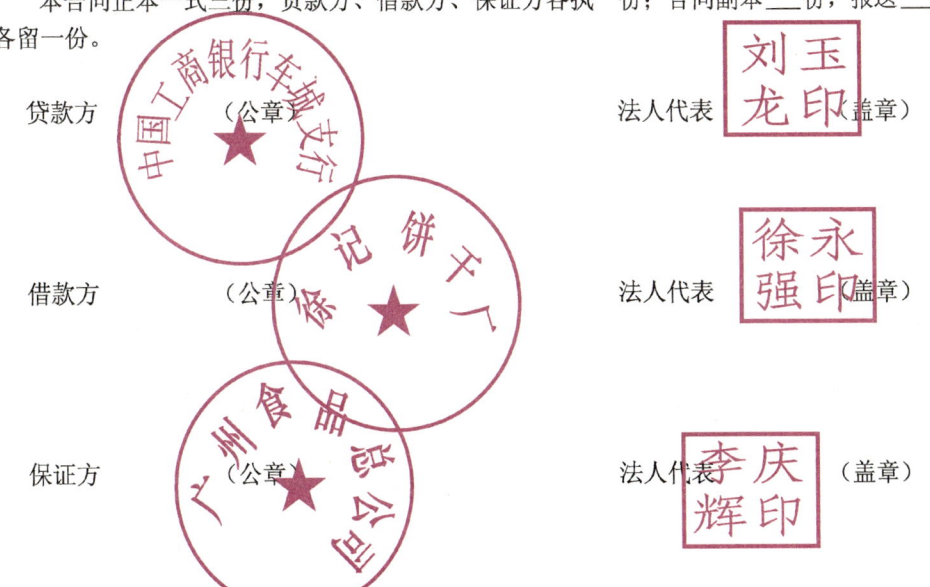

贷款方　　　（公章）　　　　　　　法人代表　　　（盖章）

借款方　　　（公章）　　　　　　　法人代表　　　（盖章）

保证方　　　（公章）　　　　　　　法人代表　　　（盖章）

借款方开户银行：中国工商银行中华路支行

账号：02102490047688

2021年1月30日

29.1/3

广东增值税专用发票　　№ 14605XXX

4400000000

抵扣联

开票日期：2021年1月30日

购买方	名称：徐记饼干厂 纳税人识别号：440001250573869 地址、电话：广州市荔湾区中山七路88号　020-36725432 开户行及账号：工商银行中华路支行 02102490047688	密码区	（略）

货物或应税劳务、服务名称	规格型号	单位	数量	单价	金额	税率	税额
电			21650	0.70	15155.00	13%	1970.15
合　计					￥15155.00		￥1970.15

价税合计（大写）	⊗壹万柒仟壹佰贰拾伍圆壹角伍分	（小写）￥17125.15

销售方	名称：广州越秀电业局 纳税人识别号：430230554354785 地址、电话：广州市建设路1560号　020-86485423 开户行及账号：建设银行建设路支行 618954678052463	备注	（广州越秀电业局 发票专用章）

收款人：陈华　　　复核：李明　　　开票人：陈华　　　销售方：（章）

第二联：抵扣联　购买方扣税凭证

29.2/3

广东增值税专用发票　　№ 14605XXX

4400000000

发票联

开票日期：2021年1月30日

购买方	名称：徐记饼干厂 纳税人识别号：440001250573869 地址、电话：广州市荔湾区中山七路88号　020-36725432 开户行及账号：工商银行中华路支行 02102490047688	密码区	（略）

货物或应税劳务、服务名称	规格型号	单位	数量	单价	金额	税率	税额
电			21650	0.70	15155.00	13%	1970.15
合　计					￥15155.00		￥1970.15

价税合计（大写）	⊗壹万柒仟壹佰贰拾伍圆壹角伍分	（小写）￥17125.15

销售方	名称：广州越秀电业局 纳税人识别号：430230554354785 地址、电话：广州市建设路1560号　020-86485423 开户行及账号：建设银行建设路支行 618954678052463	备注	（广州越秀电业局 发票专用章）

收款人：陈华　　　复核：李明　　　开票人：陈华　　　销售方：（章）

第三联：发票联　购买方记账凭证

29.3/3

委托收款凭证（付款通知） 5

委电　　　　　　　　　　　　　　　　　　　　　　委托号码：第00302号

委托日期 2021 年 1 月 30 日　　　　付款日期：　年　月　日

收款人	全　称	越秀电业局	付款人	全　称	徐记饼干厂
	账　号或地址	618954678052463		账　号或地址	02102490047688
	开户银行	建设银行　行号　019		开户银行	工商银行中华路支行

委收金额	人民币（大写）	壹万柒仟壹佰贰拾伍元壹角伍分	千百十万千百十元角分 ¥ 1 7 1 2 5 1 5

款项内容	电费	委托收款凭证名称		寄单证张数	1 张

备注：

付款人注意：
应于见票当日通知开户行划款，
如需拒付，应在规定期限内，将拒付理由书并
附债务证明送交开户银行。

此联为付款人开户行给付款人按期付款的通知

单位主管　　会计　　复核　　记账　　付款人开户行收到日期 2021 年 1 月 30 日

（盖章：中国工商银行中华路支行 业务章 2021.1.30）

30.1/1

借款利息计算表

2021 年 1 月 30 日

摘　　要	应借账户	金　额
短期借款平均余额为78 000元，借款月利率为3‰	财务费用	2 340.00
合　　计		¥2 340.00

复核：李鑫　　　　　　　　　　　　　　　制表：张丽

31.1/3

中国工商银行进账单（回单）　1

年　月　日

出票人	全　称		收款人	全　称	
	账　号			账　号	
	开户银行			开户银行	

金额	人民币（大写）		亿千百十万千百十元角分

票据种类		票据张数	
票据号码			

复核　　记账　　　　　　　　　　开户银行盖章

此联是开户银行交给持（出）票人的回单

31.2/3

投 资 合 同

立合同单位：

 庆丰有限公司 （以下简称投资方）

 徐记饼干厂 （以下简称被投资方）

为明确责任，恪守合同，特签订本合同，共同信守。

一、投资方式：货币资金

二、投资金额：壹拾万元整

三、投资所占股份：5%

四、出资期限：自二〇二一年一月三十日至二〇二三年十二月三十一日止

……

合同的附件（略）

本合同经各方签字后生效。

本合同正本一式两份，投资方、被投资方各执一份；合同副本两份，报送有关单位各留一份。

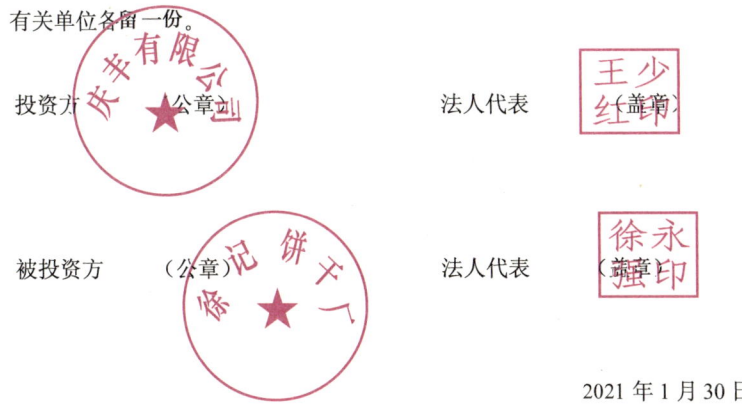

投资方 （公章） 法人代表 （盖章）

被投资方 （公章） 法人代表 （盖章）

2021 年 1 月 30 日

31.3/3

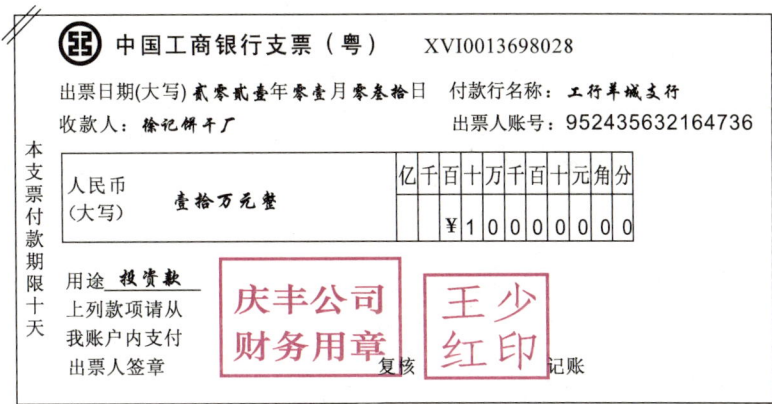

32.1/2

委托收款凭证（收款通知）4

委托号码：第06321号

委托日期 2021 年 1 月 30 日　　付款日期：　年　月　日

收款人	全称	徐记饼干厂	付款人	全称	广东省广州市枫林公司	此联为收款人开户行给收款人的收账通知
	账号或地址	02102490047688		账号或地址	245466387805961	
	开户银行	工商银行中华路支行		开户银行	建设银行　行号　032	

委收金额	人民币（大写）	贰万元整	千 百 十 万 千 百 十 元 角 分
			¥ 2 0 0 0 0 0 0

款项内容	货款	委托收款凭证名称	商业承兑汇票	寄单证张数	1张

备注：电划

单位主管　　会计　　复核　　记账　　付款人开户行收到日期 2021 年 1 月 30 日

32.2/2

商 业 承 兑 汇 票

签发日期 贰零贰壹 年 零壹 月 零叁拾 日　　汇票号码：10762

收款人	全称	徐记饼干厂	付款人	全称	广东省广州市枫林公司
	账号或地址	02102490047688		账号或地址	245466387805961
	开户银行	工商银行中华路支行		开户银行	建设银行　行号　032

汇票金额	人民币（大写）	贰万元整	千 百 十 万 千 百 十 元 角 分
			¥ 2 0 0 0 0 0 0

汇票到期日	贰零贰叁年叁月零叁拾日	交易合同号码	324561003

本汇票已由本单位承兑，到期日无条件支付票款
此致

承兑人盖章
承兑日期：2021年1月30日

出票人盖章：

33.1/1

固定资产折旧计算表

2021年1月31日　　　　金额单位：元

使用部门	月初原值	月折旧率	月折旧额
生产车间	850 000.00	0.27%	
企业管理部门	440 000.00	0.25%	
合　　计	1 290 000.00		

复核：李鑫　　　　　　　　制表：张丽

34.1/1

发料凭证汇总表

领料单　　　号至　　　号共　　　张　　　　　　年　月　日

材料名称	单价	夹心饼干		曲奇饼干		合　计	
		数量	金额	数量	金额	数量	金额
合　计							

复核：　　　　　　　　　　　　　制表：

35.1/1

工　资　分　配　表

年　月　日

应借科目		部　门		
		车　间	管理部门	合　计
生产成本	夹心饼干			
	曲奇饼干			
制造费用				
管理费用				
合　计				

审核：　　　　　　　　　　　　　制表：

36.1/1

职工福利费计提表

年　月　日

应借科目		部门				合计
		车间		管理部门		
		工资总额	14%	工资总额	14%	
生产成本	夹心饼干					
	曲奇饼干					
制造费用						
管理费用						
合计						

审核：　　　　　　　　　　　　　　　制表：

37.1/1

无形资产摊销计算表

年　月　日　　　　　　　　　　单位：元

部门	摊余价值	摊销期间	月摊销额
行政管理部门	24 000	12	
合计	24 000		

会计主管：　　　会计：　　　复核：　　　记账：　　　制表：

38.1/1

待摊费用分配表

年　月　日

应借科目	项目						合计
	报刊杂志费			设备维修费			
	应摊销额	分摊月数	本月摊销额	应摊销额	分摊月数	本月摊销额	
管理费用							
合计							

会计主管：　　　会计：　　　复核：　　　记账：　　　制表：

39.1/1

电费分配表

年　月　日

部门	用电量（度）	单价（元）	分配金额	备注
生产夹心饼干	10 000	0.70		
生产曲奇饼干	8 000	0.70		
生产车间照明	2 000	0.70		
厂部管理部门	1 650	0.70		
合　计	21 650			

会计主管：　　　　　会计：　　　　　复核：　　　　　记账：　　　　　制表：

40.1/1

制造费用分配表

年　月　日　　　　　　　　　　　　　　　单位：元

项　目	应借科目	分配标准（工人工资）	分配率	应分配费用额
合　计				

复核：　　　　　　　　　　　　　　　　制表：

41.1/1

完工产品成本汇总计算表

入库单　　号至　　号共　　张　　　年　月　日　　单位：元

成本项目	夹心饼干（　　盒）		曲奇饼干（　　盒）		合　计
	总成本	单位成本	总成本	单位成本	
直接材料					
直接人工					
制造费用					
合　计					

复核：　　　　　　　　　　　　　　　　制表：

42.1/1

产品销售成本汇总计算表

出库单　　号至　　号共　　张　　　年　月　日　　单位：元

产品名称	销售数量（盒）	单位成本	总成本
合　计			

复核：　　　　　　　　　　　　　　　　制表：

48.1/1

计提盈余公积、公益金计算表

单位名称：　　　　　　　　　　年　月　日　　　　　　　　　　单位：元

项目	计算依据	金　额	适用比例	计提金额	备　注
盈余公积	净利润		10%		
公益金	净利润		5%		
合　计					

会计主管：　　　　　　　　复核：　　　　　　　　制表：

49.1/2

工商银行对账单

存款单位：徐记饼干厂　　　　账号：02102490047688　　　　单位：元

2021年		摘　要	借　方	贷　方	借或贷	余　额
月	日					
1	1	承上页			贷	1 366 500.00
	1	转账进账单		1 19 152.80		
	6	转支#9012	136 988.00			
	9	转支#9013	18 530.00			
	10	现支#9014	40 000.00			
	11	转账账单		25 936.80		
	12	转支#9015	4 500.00			
	12	转支#9016	19 270.00			
	14	转支#9017	8 500.00			
	25	转支#9018	48 000.00			
	29	转账进账单		43 336.00		
	30	支付电费	17 731.35		贷	
	30	支付税费	44 060.00			
	30	转账进账单		100 000.00	贷	1 317 346.25

49.2/2

银行存款余额调节表

单位名称：　　　　　　年　月　日　　　　　　账号：

项　目	金　额	项　目	金　额
企业账面余额		银行对账单余额	
加：企业未收账款		加：银行未收账款	
减：企业未付账款		减：银行未付账款	
调整后余额		调整后余额	

会计主管：　　　　　　复核：　　　　　　出纳：

附：未达账清单

企业未达账项					银行未达账项				
月	日	摘　要	未　收	未　付	月	日	摘　要	未　收	未　付
		合　计					合　计		

复核：　　　　　　　　　　　　　　　　　　　　制表：